Michaela Puzicha OSB

Benedikt von Nursia

Hinführung zu Leben und Werk

STUDIEN ZUR MONASTISCHEN KULTUR
Band 13

Michaela Puzicha OSB

Benedikt von Nursia

Hinführung zu Leben und Werk

eos

Umschlag: Ruth Wild, Kalligraphie „Höre“ (www.ruthwild.de)

1. Auflage: Benedikt von Nursia begegnen
(Reihe: Zeugen des Glaubens), Sankt Ulrich Verlag, Augsburg 2004
2. unveränderte Auflage: St. Ulrich Verlag, Augsburg 2008
3. überarbeitete und erweiterte Auflage: EOS Verlag, St. Ottilien 2023

mail@eos-books.com
www.eos-books.com

ISBN 978-3-8306-8159-5

Bibliografische Information der Deutschen Bibliothek
Die Deutsche Bibliothek verzeichnet diese Publikation
in der Deutschen Nationalbibliografie;
detaillierte bibliografische Angaben sind im Internet
unter http://dnb.ddb.de abrufbar.

Inprint Druckerei, Erlangen
Printed in Germany

Inhaltsverzeichnis

Einführung: Ein erster Blick auf Benedikt von Nursia

Frauen und Männer nennen sich Benediktinerinnen und Benediktiner und leben nach einer monastischen Regel, die sie als Benediktusregel oder als Regel des hl. Benedikt bezeichnen. Auf wen führen sie ihre Regel und ihren Namen zurück? Wer hat diese Wirkungsgeschichte in Gang gesetzt, die seit mehr als 1500 Jahren aktuell ist, die bis heute andauert und weltweit verbreitet ist? Auf diese Fragen wird ein Name genannt: Benedikt von Nursia, der Gründer und Abt des Klosters auf dem Montecassino um 530, am Ende der Spätantike. Es ist ein langer Weg durch die Geschichte, bis Papst Paul VI. ihn im Jahre 1964 zum Patron Europas erhebt.

Zu Gestalt und Werk Benedikts liegen zwei sehr unterschiedliche Zeugnisse vor: zum einen eine Mönchsregel, die sich von Anfang an mit seinem Namen verbindet, ein Text aus dem zweiten Viertel des 6. Jahrhunderts, zum anderen ein Lebensbild, das Papst Gregor d. Große verfasste und dem „Leben und den Wundern des ehrwürdigen Abtes Benedikt" widmete.

Die Benediktusregel

Seit den Anfängen findet das Mönchtum eigene literarische Formen, die unmittelbar auf die asketisch-monastische Lebensform bezogen sind, diese deuten und für sie Zeugnis geben. In ihnen spiegelt sich das zentrale Selbstverständnis monastischer Existenz wider. Dazu gehört in besonderer Weise die Mönchsregel. Sie ist ein Gebrauchstext, der, wie in der Antike üblich, weder den Namen des Verfassers noch den Anlass seiner Entstehung nennt. Die Regel, die unter dem Namen des Benedikt von Nursia überliefert ist, erwähnt daher keinen Autor, und ihr Text bietet keinen Hinweis auf den Anlass ihrer Abfassung. Zeitlich lässt sie sich einordnen in den Zusammenhang des spätantiken Mönchtums im 6. Jahrhundert[1]. Sie wird aber seit früher Zeit mit dem Namen Benedikts von Nursia überliefert und mit dem zweiten Buch der Dialoge von Papst Gregor d. Gr. in engem Zusammenhang gebracht.

Die Lebensbeschreibung Benedikts

Als einziges Dokument für die Gestalt Benedikts liegt eine Lebensbeschreibung vor, eine Vita, die eigentlich ein geistliches Portrait des Mönchsvaters auf dem Montecassino ist, und die Papst Gregor d. Gr. im Jahr 593/594 im zweiten Buch seiner ‚Vier Bücher der Dialoge‘[2] über italische Heilige niedergeschrieben hat. Kein weiterer zeitgenössischer Text nennt den italischen Abt. Alles, was von Benedikt bekannt ist und über ihn erzählt wird, stammt ausschließlich aus diesem Werk Gregors, der ihn in anderen Schriften nicht mehr erwähnt[3]. Der Bericht über die Niederschrift einer Mönchsregel (Dial. 2,36) verbindet sich früh fassbar mit dem Text, der als Benediktusregel bis heute dem Mönchtum Lebensweisung ist.

Wenn die sparsamen biographischen Angaben, die Gregor in seiner Lebensbeschreibung vorlegt, in ihrem historischen Kontext gesehen werden, lassen sich für die Lebensdaten Benedikts einige mutmaßliche Eckpunkte festhalten. Danach wäre er um 480/490 geboren. Seine Ankunft auf dem Montecassino würde ungefähr auf das Jahr 530 fallen, sein Tod in die Jahre zwischen 550 und 560, vielleicht auch später. Die Bedeutung seines Lebenswerkes wird gern veranschaulicht mit dem Hinweis, dass im vermuteten

1 Die Benediktusregel. Hrsg. im Auftrag der Salzburger Äbtekonferenz. Neu überarb. u. gestalt. lat./dt. Ausg., 5. Aufl. Beuron 2011.

2 Gregor der Große, Der hl. Benedikt. Buch II der Dialoge. Hrsg. im Auftrag der Salzburger Äbtekonferenz, lat.-dt., 2. Auflage, St. Ottilien 2008.

3 Hinweise finden sich noch in: Greg., Dial. 3,16 und Dial. 4,8–9.

Jahr seiner Ankunft auf dem Montecassino, – die Tradition nennt das Jahr 529 – die Akademie in Athen ihre Pforten schließt[4].

Wer Benedikt von Nursia begegnet, kommt mit diesen beiden Dokumenten in enge Berührung: mit der Regel, die als bedeutendste – und über Jahrhunderte alleinige lateinische Mönchsregel das Abendland geprägt und bis heute ihre Wirkung hat, und mit seiner Vita als eines der meistgelesenen Werke des Mittelalters.

4 Die von Platon um 385 v. Chr. gegründete Philosophenschule steht für die antike Philosophie und Bildung, Montecassino einerseits für die christlich geprägte Spätantike, andererseits für das frühe Mittelater in der Bewahrung und Integration des antiken Erbes durch die benediktinischen Abteien.

I. Das „Leben" des Benedikt von Nursia (Gregor d. Gr., Dialoge 2)

Der Zeitraum, den Gregor d. Gr. für die Lebensbeschreibung Benedikts vorlegt, führt in eine Welt, die im lateinischen Westen gekennzeichnet ist durch den Zerfall der sozialen und gesellschaftlichen Ordnung und Sicherheit, durch Kriegswirren im Gefolge der Völkerwanderung, durch Erdbeben, Pestepidemien, Hungersnöte. Der Untergang des Römischen Reiches und der Umbruch der spätantiken Zivilisation sind unaufhaltsam.

1. Die Welt des 6. Jahrhunderts: Eine Epoche im Umbruch

Ein bewegtes Zeugnis haben wir aus der Feder eines direkten Zeitgenossen Benedikts, des römischen Aristokraten und Klostergründers Magnus Aurelius Cassiodorus Senator[1], wie er mit seinem vollen Namen heißt. Cassiodor, der mit der Gründung des Klosters Vivarium eine Stätte monastischer Bildung errichtete, nahm unter dem Ostgotenkönig Theoderich eine wichtige politische Stellung ein. Jahrelang versuchte er, in Rom eine christliche Akademie zu gründen. Bei der Einnahme Roms durch Totila 546 wurde die wissenschaftliche Grundlage dafür, die Bibliothek des Papstes Agapet I. (eines Verwandten Gregors d. Gr.), zerstört und damit das Projekt Cassiodors undurchführbar: „Indes machten die Kriegsfurien und

1 Cassiodor (ca. 485–ca. 580) aus syrischer Familie Kalabriens. Nach 540 Rückzug aus dem ostgotischen Staatsdienst, Gründung des Klosters Vivarium (Kalabrien) mit umfangreicher und bedeutender Bibliothek antiker u. patristischer Texte.

das übermäßige Kampfgetümmel im italischen Reich die Erfüllung meines Wunsches endgültig zunichte“[2].

Die Zeit des Ostgotenkönigs Theoderich (451–526) zeichnete sich durch eine gewisse politische Stabilität und Prosperität aus. In den Jahren seiner Regierung festigte er den Frieden, was ein Wachstum der allgemeinen Wohlfahrt und einen wirtschaftlichen Überschuss mit sich brachte. Die Goten bildeten nur eine kleine Minderheit und waren durch Sprache und Rechtsprechung, vor allem aber durch das arianische Bekenntnis von der einheimischen Bevölkerung getrennt. Theoderich war weitgehend tolerant in religiösen Fragen, förderte die römische Kultur, die Bautätigkeit und die Künste. Die Jahre nach seinem Tod sind geprägt durch immer wieder aufflammende Kriegswirren, Belagerungen, durch Seuchen und Hungersnöte und eine sich ständig verschlechternde soziale und wirtschaftliche Lage.

Gregor bezeugt dies ebenfalls in der Vita Benedikts und nennt einen Namen, der in diesen Jahren einen politischen Machtfaktor darstellt: den des Königs der Ostgoten Totila (541/542–552). Dieser war 541/542 in Pavia zum König erhoben worden. Er eroberte den Norden Italiens mit Ausnahme des griechischen Exarchates Ravenna und im Jahr 546 nach langer Belagerung Rom. Anfang 550 nimmt er die Stadt noch einmal ein, ohne sie jedoch halten zu können. Die von Gregor geschilderte Begegnung Totilas mit Benedikt (Dial. 2,14–15) könnte in die zweite Hälfte des Jahres 546 fallen.

Als Kaiser Justinian 550 den Angriff auf Italien befahl, war das Ende der Herrschaft Totilas und des ostgotischen Königreichs gekommen. Im Jahr 552 kam es in Umbrien zur Schlacht zwischen beiden Heeren, in der Totila fiel[3]. Zwar vertrieb Kaiser Justinian in einem insgesamt fast zwanzig Jahre dauernden Rückeroberungs-

2 Cassiod., Institut. I Praef. 1: *Sed cum per bella ferventia et turbulenta nimis in Italico regno certamina desiderium meum nullatenus valuisset impleri.*

3 Prokop, Bell. Goth. 4,31.

krieg die Ostgoten aus Italien. Aber er legte dem Land solche Abgaben auf, dass viele in den wirtschaftlichen Ruin getrieben wurden.

Nur wenige Jahre lagen die verheerenden Gotenkriege in Italien zurück, als Oberitalien, Spoleto und Benevent mit den Langobarden um 568 eine neue Invasion erlebte. Wie die Gotenstämme waren sie Arianer. Immer neue Kriegszüge und Nachhutgefechte verheerten das Land. Die Eroberungswelle geht um 577 über Montecassino hinweg, zerstört das Kloster, die Mönche werden vertrieben, gehen nach Rom ins Exil. Erst im Jahr 718 ist eine Rückkehr möglich. Überschwemmungen und in ihrem Gefolge der Pest fallen zwischen 589 und 591 Hunderttausende zum Opfer. Bis der Langobardenkönig Aigulf im Jahr 605 einen Waffenstillstand mit den Byzantinern erreicht, ziehen sich die Kriegwirren hin.

Der Zeitzeuge: Gregor d. Gr.

Der beste Zeuge für die Situation des 6. Jahrhunderts ist Gregor selber. In seinen Werken, seinen Predigten und seinen mehr als 800 Briefen entfaltet er das düstere Bild einer in Kirche und Gesellschaft vielfältig bedrohten, von Katastrophen geschüttelten Epoche. Die Situation der Kirche ist in diesen Jahren unsicher. Sie ist von Krisen bedroht, reformbedürftig, und schwerwiegende Missstände im Klerus sind eine große Belastung. So schreibt Gregor schon unmittelbar nach seiner Wahl zum Papst im Oktober 590: „Ich habe – persönlich unwürdig und schwach – ein altes und von den Wellen arg mitgenommenes Schiff übernommen; denn von allen Seiten dringt das Wasser ein, und die morschen Planken, vom täglichen heftigen Sturm gepeitscht, verkünden schon ächzend den Schiffbruch“[4]. Andererseits ist die Kirche die einzige Institution in dieser Zeit, die ein gewisses Maß an sozialer Fürsorge und Hilfe leisten kann. Gregor stehen als Ressourcen

4 Greg., Reg.Ep. 1,4 an Johannes von Konstantinopel, Oktober 590.

die päpstlichen Güter in Sizilien und Süditalien zur Verfügung. So kann Rom mit Getreide versorgt, das Geld für Tributzahlungen aufgebracht, vor allem aber die Masse der Armen täglich versorgt werden. Im Lateran wurde Unterstützungslisten geführt, aus denen ersichtlich wird, dass an Tausende Lebensmittel und Geld verteilt wurde[5].

Seinen Kommentar zum Propheten Ezechiel beendet er mit einer düsteren Schilderung der Situation: „Siehe, das ist es, was wir, soweit wir es mit Gottes Beistand vermochten, vor Euch, geliebteste Brüder, erarbeitet haben. Niemand nehme es mir übel, wenn ich nach dieser Homilie aufhöre. Denn meine Trübsale haben, wie ihr alle seht, überhand genommen: ringsum sind wir von Schwertern bedrängt, ringsum quält uns die Angst vor drohender Todesgefahr. Die einen kehren mit abgeschlagenen Händen zu uns zurück, andere werden als gefangen, wieder andere als getötet gemeldet. Ich sehe mich außerstande, meine Ausführungen fortzusetzen, ‚denn meine Seele ekelt es ob meines Lebens' (Hiob 10,1). ... Täglich werde ich genötigt, Bitteres zu trinken: wie kann ich da Süßes zu trinken geben? Was bleibt übrig, als dass wir unter den Geißelhieben, die wir um unserer Übeltaten willen erleiden, mit Tränen Dank sagen? Er, der uns erschaffen hat, ist ja für uns auch zum Vater geworden durch den Geist der Kindschaft, den er uns geschenkt hat. Das eine Mal nährt er die Kinder mit Brot, ein andermal weist er sie mit Züchtigungen zurecht, weil er uns durch schmerzhafte Wunden wie auch durch Gnadengaben zur ewigen Erbschaft heranbildet. So sei denn Ehre unserem allmächtigen Herrn Jesus Christus, der mit dem Vater lebt und herrscht in der Einheit des Heiligen Geistes, Gott von Ewigkeit zu Ewigkeit. Amen“[6].

5 Vgl. Reg.Ep. 7,23 an Theoctista, Schwester des Kaisers in Konstantinopel, Juni 597.

6 Greg., Hom.Ez. 2,10,24.

2. Eine Biographie Benedikts?

Was ist eine *vita*?

Wenn Gregor über das „Leben“, über die *vita* Benedikts schreibt, stellt sich die Frage: Was ist eine ‚vita'? vor. Als eigene Textform hat sie ihre eigenen gestalterische Einzelheiten und erzählerische Topoi. Ein altkirchliches Lebensbild ist nicht zu vergleichen mit einer historisch-kritischen Lebensbeschreibung und Gregor legt keine Biographie im neuzeitlichen Sinn vor. Eine Vita will vielmehr die Vorbildlichkeit eines Lebens gemäß dem Evangelium in den Blick bringen und den Leser ermutigen, selber den Weg der Nachfolge zu gehen. Sie stellt einen Menschen vor Augen, der exemplarisch seinen Glauben gelebt hat.

Gregor macht keine näheren Angaben über das Geburtsjahr Benedikts und auch sein tatsächlicher Todestag oder das Todesjahr bleiben von Gregor unberücksichtigt[7]. Allerdings ist zu betonen, dass in etlichen Zeit- und Ortsgegebenheiten, die Gregor erwähnt, ein historischer Kern und lokale Benedikts-Überlieferungen greifbar werden, die eine reine Legendenbildung ausschließen.

Die Vita ist in zwei große Abschnitte geteilt, die das Wirken Benedikts bekunden: die Zeit des Beginns in Subiaco (Dial. 2,1–8) und dann das Leben als Mönchsvater auf dem Montecassino (Dial. 2,8–37). Dabei kann man parallele Entsprechungen entdecken, wenn für jede Phase je zwölf Wunder geschildert werden, und wenn den vier Anfechtungen durch den Alten Feind zu Beginn am Ende vier Erfahrungen der jenseitigen Welt übereinstimmen[8].

7 Das traditionelle Datum des 21. März wird zum erstmalig erwähnt im Kalendarium des Angelsachsen Willibrord von Echternach im frühen 8. Jahrhundert.

8 Dial. 2,12–22. 23–33; Dial. 2,8.9–11; Dial. 2,34–35.37–38.

Ein geistliches Porträt

Wenn man nicht von einer Biographie Benedikts sprechen kann, so sehr wohl von einem geistlichen Porträt. Ziel Gregors ist es zu zeigen, dass Benedikt als Mönch und Abt entschieden für Christus gelebt hat. Die Frühe Kirche kleidet diese Erfahrung in die literarische Form der hagiographischen „*vita*“ (= lat. Leben), d. h. eines Lebensbildes, das nicht historisch-biographisch vorgeht, sondern Zeugnis und Botschaft sein will. Es ist gleichsam eine lebensgeschichtliche Predigt, die bewirken will, dass Christen sich ermutigt fühlen, dem Beispiel des Heiligen zu folgen und sich getröstet wissen in Schwierigkeiten und Anfechtungen. Diese erzählende Form hat sich unter zahlreichen, auch antiken literarischen Einflüssen in den ersten Jahrhunderten der Alten Kirche herausgebildet.

So berichtet Gregor von dem nachahmenswerten Leben Benedikts als des vollkommenen Mönchs, Abtes und Jüngers des Herrn. Dazu erzählt er von den „wunderbaren Taten des ehrwürdigen Mannes Benedictus“ (Dial. 1,12,7). Dabei wird deutlich, dass die „Dialoge“ ein pastorales Werk sind, d.h. ausgerichtet auf die seelsorgliche Dimension, wobei das Lebensbeispiel eine entscheidende Bedeutung hat. Auch wenn Gregor um die Notwendigkeit der belehrenden Predigt weiß und um die Kraft der Lehre, sind diese *praedicamenta*, wie er sie nennt, nicht so wirkmächtig wie die Beispiel-Erzählungen, die *exempla*, denen er die Priorität einräumt: „In vielen wird die Liebe zum himmlischen Vaterland eher durch Beispiele als durch Belehrung geweckt. Beispiele aus dem Leben der Väter zu erzählen, bringt meistens einen doppelten Nutzen: der Vergleich mit den Vätern begeistert den Hörer für die Liebe zum künftigen Leben, und wer meint, schon etwas zu sein, findet angesichts der Größe anderer zur Demut“ (Dial. 1 Prol. 9).

Ein solch eindringliches Beispiel will er daher in Benedikt von Nursia vor Augen führen. Das geistliche Anliegen, das sich damit verbindet, fasst Gregor zusammen, wenn er die Beispielfunktion Benedikts zum Schlüssel seiner Erzählung macht: „Da wollte der allmächtige Gott... das Leben Benedikts den Menschen als Beispiel vor Augen führen. Wie ein Licht sollte er auf den Leuchter gestellt werden, hell brennen und allen im Haus leuchten“ (Dial. 2,1,6; vgl. Mt 5,15.16). Damit fasst er das Generalthema des Benediktuslebens zusammen, das als Muster christlicher Existenz entsprechend der Bergpredigt gelten kann. Zugleich soll es Ansporn zur Nachahmung sein.

Die Zeugen

Um nicht in den Verdacht zu geraten, Legenden zu erzählen, will Gregor die Zuverlässigkeit seiner Erzählungen in jedem Fall sichern. Das ist notwendig, da er in seinem Prolog, den er allen vier Büchern der Dialoge voranstellt, über seine Vorgehensweise Rechenschaft gibt. Benedikt hat er nicht persönlich gekannt. Aber er beruft sich auf die Augen- und Ohrenzeugenschaft derjenigen, die mit ihm gelebt und von seinem heiligmäßigen Leben berichtet haben. „Ich will ohne Bedenken erzählen, was ich von angesehenen Männern erfahren habe. Dabei bestärkt mich das biblische Beispiel von Markus und Lukas, die offensichtlich ihr Evangelium nicht als Augenzeugen, sondern aufgrund von Berichten verfasst haben“ (Dial. 1 Prol. 10). Gerade deswegen sind für Gregor nachprüfbare Zeugen wichtig, die er über das Leben Benedikts befragt und zu Wort kommen lässt. So stellt er zu Beginn klar: „Ich kenne nicht alle Einzelheiten seines Lebens; das wenige aber, das ich erzähle, weiß ich von vier Mönchen, die seine Schüler waren“ (Dial. 2 Prol. 2). Er bezeichnet sie als Schüler Benedikts und weist sie damit als Augen- und Ohrenzeugen aus: „Diese sind der hochverehrte Constantinus, der in der Leitung des Klosters sein Nachfolger war, Valentinianus, der viele Jahre dem Kloster im Lateran vorstand, Simplicius, der als zweiter nach ihm die Gemeinschaft leitete, und schließlich Honoratus, der jetzt noch dem Kloster vorsteht, in dem Benedikt zunächst lebte“ (Dial. 2 Prol. 2). Die Benennung von Zeugen hat nur dann Sinn, wenn sie von den Zeitgenossen als solche identifiziert werden können. Ihre genaue namentliche Erwähnung ermöglicht eine Überprüfung. Es handelt sich also nicht um fiktive Geschichten. Gregor liegen zudem offensichtlich lokale Überlieferungen vor, die z. B. in Effide, Subiaco, Montecassino und Terracina mit der Gestalt Benedikts verknüpft waren.

Konkretionen: Personen, Orte und Ereignisse

Im zweiten Buch der Dialoge lassen sich Einzelheiten bestimmen, die historisch eingeordnet werden können. Gregor nennt Orte und Gebäude, Personen und Ereignisse und stellt damit das „Leben“ Benedikts in den kirchlichen, politischen und gesellschaftlichen Horizont des 6. Jahrhunderts, zugleich auch seiner eigenen Epoche.

Von den Personen, die in Verbindung mit dem Leben Benedikts stehen, ist vor allem Totila geschichtlich fassbar. Der von Gregor erwähnte Besuch Totilas auf dem Montecassino (Dial. 2,14–15; 31,1) passt zeitlich in die zweite Hälfte des Jahres 546, in der Totila Rom belagert und für kurze Zeit einnimmt[9].

Einige der Bischöfe, die Gregor als Gesprächspartner Benedikts erwähnt, lassen sich auch in anderen zeitgenössischen Zusammenhängen finden. Germanus von Capua (Dial. 2,35,3–4; 4,8) wurde 519 von Papst Hormisdas nach Konstantinopel gesandt. Er starb vor 541. Sabinus (Dial. 2,14,3) war Bischof von Canusium, heute Canosa, eine der ältesten Bischofsstädte in Apulien und reiste 535 als Legat von Papst Agapet I. nach Konstantinopel. Er starb um 566.

Die Orte, die in der Vita genannt werden, lassen sich identifizieren. Als Heimat Benedikts gibt Gregor Nursia, heute Norcia an, eine Stadt im umbrischen Apennin und durch eine Straße mit Spoleto verbunden. Von dort begibt sich Benedikt nach Rom. Danach nennt Gregor als erste Station Benedikts den Ort Effide, heute Af-

9 Vgl. o. S. 12.

file. Er liegt am Fuß des Monte Ernici, acht Kilometer südlich von Subiaco. Weiter kommt Benedikt nach Sublacus, heute Subiaco, 75 Kilometer nordöstlich von Rom. Ein Aufenthalt in einem anonymen Kloster, dessen Name der Text nicht nennt, wird seit dem 15. Jahrhundert mit dem Ort Vicovaro identifiziert[10]. Den weitaus größeren Teil seines Lebens verbringt Benedikt auf dem Montecassino, an der Via Latina gelegen, die Rom mit Capua verbindet, etwa 140 Kilometer südlich von Rom. Terracina in Latium wird von Gregor als Gründung Benedikts genannt. Es liegt am Golf von Gaeta etwa 100 Kilometer südlich von Rom und war Poststation an der Via Appia.

Die an Katastrophen reiche Zeit spiegelt sich auch in Ereignissen wider, die Gregor aufführt. Zweimal erwähnt er eine verheerende Hungersnot (Dial. 2,21; 2,28–29), die es tatsächlich im Jahr 537/38 gegeben hat. Die Gestalt des wilden und grausamen Goten Zalla (Dial. 2,31) lässt als Hintergrund die Nachwirkungen der Gotenherrschaft erkennen, so dass der Vorfall in das Jahr 542 passt, als Totila von Samnium aus über Kampanien nach Neapel aufmarschiert.

Die Erwähnung solcher Realien im zweiten Buch der Dialoge deckt eine Spanne von ungefähr fünfzehn Jahren ab, die in das vierte Jahrzehnt des sechsten Jahrhunderts führen und in etwa die Zeit zwischen 535 und 550 betreffen.

Dennoch muss insgesamt festgehalten werden, dass Gregor nur sehr wenige topographische Hinweise gibt, keine Jahreszahlen nennt, auch kein unmittelbar historisches Interesse zeigt. Der Leser erfährt fast nichts über Benedikts Herkunftsfamilie und seine Jugend. Über die Studienzeit in Rom vermerkt Gregor kaum etwas. Daran wird deutlich, dass es nicht um das *curriculum vitae* und die historische Biographie einer bekannten Persönlichkeit geht, sondern um das geistliche Bild des heiligen Abtes.

10 Auf dem Weg nach Tivoli, ca. 30 km von Subiaco bzw. dem dortigen Kloster der Heiligen Cosmas und Damian entfernt.

3. Die literarische Form: Dialog

Das zweite Buch nimmt im Zusammenhang der insgesamt vier Bücher der Dialoge eine besondere Stellung ein. Dabei zeigt sich, dass Gregor dem Abt von Montecassino einen außerordentlichen Rang einräumt. Das erste und dritte Buch berichten über eine Vielzahl italischer Heiliger und ihre Wundertaten. Von ihnen wird nur eine kurze Begebenheit erzählt. Das vierte Buch der Dialoge bildet einen großen eschatologischen Epilog und schließt unmittelbar an die Lichterfahrung Benedikts an (Dial. 4,8 = 2,35).

Das zweite Buch bildet gleichsam wie in einem Dyptichon die Mitte des gesamten Werkes und ist nur einer einzigen Gestalt gewidmet: Benedikt von Nursia. Im Gegensatz zu den anderen Heiligen, von denen nur eine oder wenige Episoden berichtet werden, zeichnet Gregor Benedikts Weg zu Gott vollständig nach, seine geistliche Entwicklung, seinen Aufstieg über viele Wegstrecken bis in das Paradies. Er entwirft das Bild einer Persönlichkeit, die für ihre Umgebung einen starken Impuls gesetzt hat.

Das Leben Benedikts ist in Form eines Wechselgesprächs zwischen dem Verfasser Gregor und seinem Diakon und Sekretär Petrus dargestellt. Doch entspricht die Bezeichnung „Dialog“ nicht dem vollen literarischen Gehalt des antiken und altchristlichen Dialogs, dem es vor allem darum geht, unterschiedliche Positionen zu benennen und durch den dialektischen Fortschritt zur Erkenntnis zu kommen[11]. Gregor verwendet die fiktive Gesprächssituation, die dem Leser die Unmittelbarkeit eines Gespräches vermitteln soll, um den Erzählcharakter des Werkes im Unterschied zu einer Predigt oder einem Lehrtraktat zu unterstreichen.

In der monastischen Literatur ist die Form der „Fragen und Antworten“, bekannt, die sich etwa in der Basiliusregel und in der Magisterregel als Frage der Mönche bzw. des Schülers und als Antwort des Meisters findet. Auch die Mönchserzählungen wäh-

11 Vgl. Voss, B. R., Der Dialog in der frühchristlichen Literatur (Studia et Testimonia Antiqua IX), München 1970.

len diesen „dialogischen" Stil, wie z. B. Sulpicius Severus für einen Teil seiner Martinsschriften, nämlich die drei „Dialoge" über das Leben des heiligen Martin". Allerdings fügt er hinzu: „Aber ich erkläre feierlich, nur geschichtliche Wahrheit will ich gewissenhaft zur Darstellung bringen"[12]. Johannes Cassian gibt seine Erfahrungen über das ägyptische Mönchtum als „*Collationes* – Unterredungen" mit den Wüstenmönchen in Form von ausführlichen Gesprächen zwischen einem Altvater und seinen Besuchern wider und weist dieser literarischen Form damit einen festen Platz in der monastisch-hagiographischen Literatur zu.

Um die Lebendigkeit der Unterweisung zu gewährleisten, wählt ebenfalls Gregor für sein hagiographisches Werk die Form des Dialogs. Sein Gesprächspartner Petrus gibt häufig nur Stichworte oder wirft Fragen ein, die den Gang der Erzählung weiterbringen sollen. Auch für ihn trifft zu, was Sulpicius Severus über seine Martinsdialoge schreibt: „Ich habe die Form des Dialogs gewählt, um die Langeweile zu verscheuchen und dem Leser Abwechslung zu bieten" (Dial. 3,5,6).

Exkurse

Gregor unterbricht die Dialog-Form und trägt selber monologartig lange Erläuterungen mit ausgeprägt lehrhaftem Charakter vor. Sie dienen der Vertiefung der Lebensereignisse seiner Protagonisten, aber vor allem der theologischen und spirituellen Deutung dieser Begebenheiten. Solche „Exkurse" sind im zweiten Buch der Dialoge Einschübe mit einem starken bibeltheologischen und philosophisch-spekulativen Duktus und bilden einen wesentlichen Teil der Ausführungen. Sprachlich unterscheiden sie sich von dem Erzählcharakter der übrigen Teile und bieten eine anspruchsvolle Darlegung theologischer Sachverhalte. Sie erläutern systematisierend und lehrhaft die Erzählungen des zweiten Buches als exegeti-

12 Sulp.Sev., Dial. 3,5,6.

sche, theologische und spirituelle Lehrstücke, mit denen der Papst seine Ansichten über Spiritualität und Mystik, über Gotteserfahrung und Menschenfreundlichkeit vorträgt und so die narrative Form verbindet mit der diskursiven Weise theologischer Argumentation. Diese Abschnitte sind vor allem ausgerichtet an der Heiligen Schrift und lassen das Leben des Heiligen als schriftgemäßes Leben aufleuchten.

4. Der Verfasser: Papst Gregor der Große

Leben und Werk

Um 540 wurde Gregor – der Name kommt aus dem Griechischen und bedeutet „der Wachsame“ – in Rom geboren. Er entstammt einer der berühmten und reich begüterten römischen Patrizierfamilien, die ihren Palast auf dem Caelius am Clivus Scauri gegenüber dem Palatin hatte. Die politische und gesellschaftliche Bedeutung der Familie wird sichtbar an der Tätigkeit des Vaters Gordianus als *regionarius*, als Verwaltungsbeamter einer der sieben Regionen Roms. Gregor wuchs in einer familiären Umgebung auf, die schon lange christlich war. Eine enge Verbindung zur Kirche ergab sich aus der Verwandtschaft mit Papst Felix III. (483–492) und Papst Agapitus I. (535–536). Gregor erhielt eine umfassende Ausbildung in Grammatik, Rhetorik und den Rechtwissenschaften und trat, wie es in seiner Familie üblich war, in den Staatsdienst.

Wohl im Jahr 572/573 wird er Stadtpräfekt und damit höchster Zivilbeamter der Stadt Rom. Als nicht lange danach sein Vater starb, gründete er auf dem Familienbesitz in Sizilien sechs Klöster. Er selber vollzog eine *conversio*, d. h. die Hinwendung zu einem asketisch-monastischen Lebens, die ihn zum Abbruch seiner politischen Karriere bewegte: „Unendlich lange schob ich die Gnade der Mönchwerdung auf, und selbst als ich von der Sehnsucht nach dem Himmel entflammt war, hielt ich es für besser, das weltliche Gewand nicht abzulegen. Dies alles floh ich schließlich voll

Unruhe; ich erreichte den Hafen des Klosters, und nachdem ich alles Weltliche hinter mir gelassen hatte, wie ich damals fälschlich glaubte, entkam ich nackt dem Schiffbruch des Lebens". So berichtet er selbst seinem Freund, dem Bischof Leander von Sevilla in dem Widmungsschreiben zu seinem großen Werk, den *Moralia in Iob*[13]. Mitten im Zusammenbruch einer ganzen Epoche wird das asketisch-monastische Leben für viele zur einzig sinnvollen Existenzform. Er lebt seit 575 mit einigen Mönchen in seinem Familienpalast in Rom, der zum St. Andreas-Kloster wird, und widmet sich der Schriftlesung und dem Gebet.

Das kontemplative Leben findet ein vorläufiges Ende, als Gregor von Papst Benedikt I. (574–578) zunächst in das Kollegium der römischen Diakone berufen wird, das mit sozialen und verwaltungsmäßigen Aufgaben betraut war, und 579 von Papst Pelagius II. als Päpstlicher Gesandter, nach Konstantinopel geschickt wird, um dem oströmischen Kaiser Tiberius Constantinus und seinem Nachfolger Mauritius die bedrohliche Lage Roms vor Augen zu stellen und um wirksame Hilfe zu bitten. Dort knüpft er zahlreiche Kontakte und schließt enge Freundschaften. Einige seiner Mönche aus dem römischen Andreaskloster sind ihm gefolgt und sie führen mit ihm im Placidia-Palast das klösterliche Leben weiter. Die persönliche Orientierung am Mönchtum bleibt weiterhin sein grundsätzliches Bemühen. Mit der Synode von 595 legt er später als Papst fest, dass in seiner engeren Umgebung nur Mönche oder Kleriker leben dürfen. Sein Auftrag in Konstantinopel ist 585/586 beendet, und er kehrt in sein römisches Kloster zurück. Die folgenden Jahre kann er in monastischer Abgeschiedenheit verbringen.

Im Februar 590 starb Papst Pelagius II. an der Pest, und Gregor wurde auf die Cathedra Petri berufen. In einer von Katastrophen heimgesuchten Welt und in einer krisengeschüttelten Kirche übte er sein Amt mit der Energie und der Autorität aus, die er durch

13 Ep. ad Leandr. 1; Widmungsbrief der *Moralia in Iob* für Bischof Leander von Sevilla.

seine Herkunft mitbrachte und in seiner zivilen Laufbahn eingeübt hatte. Die detaillierte Kenntnis weltlicher Angelegenheiten, wie er sie in der Beaufsichtigung von Gesetz und Ordnung der Versorgung und der öffentlichen Dienste des Senates und der Gerichte als *praefectus urbis* erworben hatte, leistete ihm nun beste Dienste, die er zur Erneuerung der Kirche ebenso einsetzte wie für den politischen Einsatz und Verwaltungsaufgaben, für umfassende karitative Werke. Er suchte Kleriker und Mönche zu reformieren und die Evangelisierung der Landbevölkerung voranzubringen. Die Kirche ist dennoch der einzige einigermaßen stabile Faktor. Sie verfügt noch über beachtlichen Landbesitz, den Gregor zur Linderung der allgemeinen Not verwendet[14].

Seine politische Erfahrung machte ihn fähig zu Friedensverhandlungen mit den Langobarden, sein theologisches Wissen bewährte sich in den Auseinandersetzungen mit häretischen und schismatischen Gruppen, wie auch mit den arianischen Langobarden. Die sich verändernde Welt nahm er aufmerksam wahr und führte eine umfangreiche Korrespondenz mit den Herrschern und Herrscherinnen der neuen gentilen Reiche wie er auch behutsam die Missionierung der Angelsachsen förderte.

Gregor war in höchstem Maß mit der Heiligen Schrift vertraut war und lebte aus ihr. Seine Auslegungen zum Buch Hiob und des Propheten Ezechiel, wie auch seine Predigten zu den Evangelien gehören über Jahrhunderte zu den meist gelesenen Werken. Zeit seines Lebens suchte er trotz seiner überwältigenden Arbeitslast die Balance zu halten zwischen der vita activa und vita contemplativa und hat als Meister des spirituellen Lebens das Mittelalter in kaum zu überschätzendem Ausmaß geprägt. Doch leidet er schwer unter dieser großen Bürde, wie aus seinen Freundschaftsbriefen immer wieder durchklingt. Am stärksten belasten ihn eine fortschreitende innere Leere und zahlreiche Krankheiten. Schon drei Jahre vor seinem Tod hatte er an die Patrizierin Rusticiana,

14 S. o. S. 13f.

einer Wohltäterin des Andreas-Klosters geschrieben: „(Die Gicht) hat meinen wuchtigen Körper allmählich ausgedörrt wie für mein Begräbnis; ich kann nur noch selten das Bett verlassen“[15]. Am 12. März 604 stirbt Gregor in Rom und wird in St. Peter im Vatikan beigesetzt.

Gregor: Doch nicht der Verfasser?

Einer nahezu unangefochtenen Tradition nach schrieb Gregor d. Gr. die vier Bücher der Dialoge als Papst zwischen Juli 593 und November 594. In den letzten Jahrzehnten allerdings entzündete sich die Kritik, nicht nur an ihrem Quellenwert und der Geschichtlichkeit der erzählten Episoden, sondern auch mit einem erinnerungskritischen Ansatz an der Existenz der Person Benedikts von Nursia[16]. Aber bereits Humanisten und Reformatoren hatten den großen Papst von der Autorschaft eines solchen Werkes zu entlasten versucht, die einen aufgrund des vermeintlich barbarischen Lateins, die anderen wegen der theologischen Unzumutbarkeit der Wundergeschichten.

Ein deutlich nachlassendes Interesse in der Neuzeit, wo durch die historisch-kritische Methode und die Fixierung auf Fakten der Blick auf narrative Strukturen mit ihrer Bildersprache und den hagiographischen Topoi verstellt war, ließ die Dialoge nahezu in Vergessenheit geraten. Im Zusammenhang mit dem 1500jährigen Jubiläum des legendären Geburtsjahres des hl. Benedikt 1980 kam es zu einer Neuorientierung in der Bewertung und Beurteilung der vier Bücher der Dialoge Gregors. Insbesondere das zweite Buch wurde Gegenstand intensiver Forschungen, die seine literarischen Zusammenhänge, seine spirituelle Tiefe und theologische Seriosität belegten. Dabei wurde das „Leben“ Benedikts vor allem im

---

15 Reg.Ep. 11,26 an die Patrizierin Rusticiana, Februar 601.

16 Fried, J., *Heiliger oder Legende? Benedikt gab es nicht*, in: ZEIT Nr. 16 (2010); vgl. aber: Wollasch, J., Benedikt von Nursia. Person der Geschichte oder fiktive Idealgestalt?, in: SMGB 118 (2007), 7–30.

Kontext der altkirchlichen Hagiographie gelesen und sein biblischer und patristischer Horizont in den Blick genommen.

Umso aufmerksamer wurde vor allem in der Frage nach Verfasserschaft daher die These des englischen Historikers und Theologen Francis Clark[17] aufgenommen, der 1987 in einem großangelegten Werk den Beweis gegen eine Verfasserschaft Gregors antrat. Seine These, die er 2002 und 2003 wiederholte, lautet: Die Dialoge sind das pseudepigraphische Werk eines Fälschers, der Zugang zum päpstlichen Archiv hatte und so authentisches gregorianisches Material mit seinen eigenen Ausführungen in geschickter Weise vermischen konnte. Die breite wissenschaftliche Diskussion hat jedoch gezeigt, dass das meiste an den Thesen Clarks nicht differenziert genug oder ungenügend bewiesen und letztlich unhaltbar ist. Es bleiben genügend gewichtige Gründe für eine Verfasserschaft Gregors, so dass die Dialoge mit Recht als sein Werk angesehen werden dürfen.

Anlass zur Abfassung der Dialoge

Der äußere Anlass

Im Vorwort zu den vier Büchern der Dialoge lässt Gregor seinen Gesprächspartner Petrus sagen: „Von einem Leben wundertätiger Männer in Italien ist mir wenig bekannt. Ich kann mir nicht vorstellen, an wen du denkst und wer dich so beeindruckt. Heilige Männer hat es bei uns sicher gegeben, doch ich meine, sie hätten entweder keine Zeichen und Wunder gewirkt oder diese seien verschwiegen worden; jedenfalls wissen wir nichts davon“ (Dial. 1, Prol. 6). Auf Bitten seiner Hausgenossen im päpstlichen Palast, Mönchen und Klerikern, schrieb Gregor Beispiele *exempla* heiligmäßigen Lebens in Italien nieder, zu denen auch das Leben Benedikts gehört. Das entscheidende Zeugnis über seine Absicht,

17 Clark, F., The „Gregorian“ Dialogues and the Origin of Benedictine Monasticism (Studies in the History of Christian Thought 108), Leiden 2003.

ein Werk über die Wunder der italischen Heiligen zu verfassen, stammt von ihm selber. Es handelt sich um eine Anfrage an Bischof Maximian von Syrakus vom Juli 593: „Meine Mitbrüder, die bei mir im Hause wohnen, drängen mich auf jegliche Weise, in aller Kürze einiges über die Taten der Väter in Italien zu schreiben, die uns zu Ohren gekommen sind“[18].

Bekannt waren die großen Mönchs- und Heiligenbiographien des christlichen Ostens, die den Westen schnell erobert hatten. Gregor kannte offensichtlich eine Vielzahl der Werke östlicher aber auch westlicher Heiligenliteratur. Einen großen Einfluss haben vor allem die beiden großen Viten des Mönchtums auch auf ihn gehabt: die *Vita Antonii* des Athanasius v. Alexandrien, der kurz nach dem Tod des großen Mönchsvaters Antonius im Jahr 356 dessen Lebensbeschreibung verfasste[19]. Diese wurde nicht nur für das östliche Mönchtum zum Maßstab, sondern setzte im Westen neue Impulse, die einen unübertroffenen Einfluss auf die Entwicklung des westlichen Mönchtums hatte. Sie wird zur Modellvita aller späteren Mönchsbiographien und schildert das asketische Leben des Antonius, seine Dämonenkämpfe, seine Wunder und seine Frömmigkeit. Konstitutiv sind die zahlreichen Rückgriffe des Athanasius auf die Heilige Schrift, die das Leben des Antonius im Kontext biblischen Gestalten und Weisungen deuten. Schon 376 gab es eine erste lateinische Übersetzung, die Augustinus bezeugt (Conf. 8.6.15.).

Ähnliches gilt für die große Mönchsgestalt des Westens, Martin von Tours († 397), dem Sulpicius Severus für Gallien ein leuchtendes Denkmal der asketischen Lebensführung, der Nächstenliebe und bischöflicher Tätigkeit setzt[20]. Dem stellt Gregor nun mit einem gewissen Lokalpatriotismus die Heiligen Italiens an die Seite: „Wollte ich von vollkommenen und bewährten Männern berichten, Petrus, was ich trotz beschränkter Möglichkeiten von guten

18 Reg.Ep. 3,50 an Bischof Maximianus von Syrakus, Juli 593.
19 *S. Verzeichnis der Werkausgaben.*
20 *S. Verzeichnis der Werkausgaben.*

und verlässlichen Zeugen gehört oder selbst erlebt habe, wäre der Tag schneller zu Ende als meine Erzählung“ (Dial. 1, Prol. 8).

Der innere Anlass

Dem Wunsch der Mönche und Kleriker im päpstlichen Haushalt kommt aber entscheidend die innere Situation Gregors entgegen. Auf ihm lastet die Sorge seines Amtes, das ihm in der vielfältigen Verflochtenheit der Aufgaben und Verpflichtungen eine schwere Bürde ist. Von dieser Belastung spricht er häufig, vor allem in Briefen an Menschen, die ihm vertraut sind. Angesichts seines anstrengenden Dienstes, seiner andauernden Beanspruchung und seiner nahezu unbegrenzten Verfügbarkeit schon zu Beginn seines Pontifikates beantwortet Gregor sich selbst die Frage nach der Absicht bei der Abfassung der Dialoge in der Einleitung, die allen vier Büchern vorangestellt ist. Er schildert bewegt mit großem psychologischem Gespür und geistlicher Einsicht seinen inneren Zustand: „Eines Tages war ich völlig niedergeschlagen – *depressus* von der lautstarken Zudringlichkeit einiger Leute, die bei ihren Geschäften von uns Lösungen ihrer Probleme erwarten, wofür wir gar nicht zuständig sind. Da zog ich mich in die Abgeschiedenheit zurück, die mir in meinem Kummer schon oft gut getan hatte. Dort wurde mir der ganze Verdruss über meine Belastung deutlich, und ungestört konnte ich alle Ursachen meines Schmerzes auf einen Blick erkennen. Ich war ganz bedrückt, – saß lange da und schwieg“ (Dial. 1, Prol. 1).

In dieser Situation erinnert er sich an sein kontemplatives Lebensideal, das ihm immer mehr entgleitet. „Von der Arbeitslast verwundet, denke ich Unglücklicher zurück: Wie gut ging es mir doch einst im Kloster! Alles Hinfällige lag weit unter mir, hoch stand ich über allem Wandelbaren, ich dachte nur an Himmlisches; noch an den Körper gebunden, überschritt ich in der Kontemplation die Grenzen des Irdischen und gewann sogar den Tod, den doch fast alle als Strafe empfinden, lieb, weil er das Leben eröffnet und unsere Mühen belohnt. Jetzt aber muss ich mich als

Seelsorger um die Menschen in der Welt und ihre Anliegen kümmern. Wie schön war früher die Ruhe! Nun aber beschmutzt mich der Staub weltlicher Geschäfte. Wenn ich mich auf viele Menschen eingelassen und in Äußerlichkeiten verloren habe, finde ich trotz meiner Sehnsucht nach Innerlichkeit nicht mehr ganz zu mir zurück. So wäge ich ab zwischen Last und Verlust; blicke ich auf das zurück, was ich verloren habe, so wird mir das noch schwerer, was ich tragen muss" (Dial. 1, Prol. 3–4).

Die für Gregor erschreckende Erfahrung ist eine innere Unruhe, die tief in sein geistliches Leben eingreift und sich als Entfremdung von seiner eigentlichen geistlichen Intention auswirkt. Es geht um den immer deutlicher spürbaren Verlust der kontemplativen Dimension, den er beredt zum Ausdruck bringt. „Du siehst, jetzt bin ich ein Spielball der Wellen auf einem weiten Meer, und mein Geist wird wie ein Schiff in einem heftigen Sturm hin und her geworfen. Wenn ich an mein früheres Leben denke, schaue ich gleichsam zurück und blicke voll Verlangen nach dem Ufer. Und was noch schwerer wiegt: Von den ungeheuren Fluten dahingetrieben, kann ich den Hafen, den ich verlassen habe, kaum mehr sehen" (Dial. 1, Prol. 5).

Als Heilmittel ruft er sich das Leben der heiligen Väter in Erinnerung. Erinnerung ist zu verstehen in der vollen Bedeutung des Vertiefens und Verinnerlichens. Sie soll zu Wahrnehmung und Umkehr helfen und ermutigen, sich wieder auf die kontemplative Dimension des Lebens einzulassen. Aus dieser spirituellen Situation Gregors entstehen die vier Bücher der Dialoge, die außer dem hagiographischen Interesse und den pastoralen Anliegen vor allem eine „therapeutische" Bedeutung für ihn selber haben. Die geistliche Wachsamkeit kann am besten gewahrt werden, wenn man auf das Leben von Menschen blickt, die diesen Weg konsequent gegangen sind und sich an ihnen ausrichtet: „Denke ich an das Leben einiger Männer, die diese Welt ganz entschieden verlassen haben, wird mein Schmerz manchmal noch größer. Sehe ich dann, welche Höhe sie erreicht haben, erkenne ich, wie tief unten ich selber stehe. Viele von ihnen lebten im Verborgenen in Einklang mit dem Schöpfer. Der allmächtige Gott bewahrte sie vor den Mühseligkeiten dieser Welt, damit nicht durch die Verpflichtungen des Alltags ihr jugendlicher Geist alt werde“ (Dial. 1, Prol. 6).

Sehr klar bringt Gregor zur Sprache, wozu diese Beispiele dienen: in den Lebensgeschichten der Väter erblickt er als verwirklicht, was er für sein eigenes Leben wenigstens in Ansätzen zu bewahren sucht. Dies darf in besonderer Weise vom zweiten Buch, dem Leben Benedikts von Nursia, gelten. Der Mönchsvater bildet gleichsam Gegenpol zum Leben des stark beanspruchten Papstes, der in der Gestalt Benedikts all das zusammenfasst, was ihm für sein eigenes Leben kostbar erscheint, aber nicht immer durchgehalten und verwirklicht werden kann. So schließt er das erste Buch der Dialoge mit dem Hinweis: „Ich möchte dir zum Lob des Erlösers einiges von den wunderbaren Taten des ehrwürdigen Mannes Benedikt erzählen“ (Dial. 1,12,7).

5. Benedikt von Nursia: Ein geistliches Lebensbild

Herkunft und Familie

An den Anfang des Lebensweges Benedikts stellt Gregor die Nennung und Deutung des Namens ‚Benedictus – der Gesegnete‘ (Dial. 2, Prol. 1). Er will das Leben eines Menschen darstellen, der gesegnet war und zum Segen wurde, von Gott bestimmt, für seine Zeit und für die Menschen helfend, heilend, wegweisend und beispielhaft zu sein. Im Hintergrund lässt sich die Berufung des Abraham erkennen, der auf die Weisung Gottes hin seine Sippe und Heimat verlässt. Ihm wird die Verheißung gegeben: „Du sollst ein Segen sein“ (Gen 12,2).

Knapp berichtet Gregor von der Herkunft Benedikts aus Nursia im umbrischen Appenin. Auch gibt er nicht wie andere Viten eine ausführliche Beschreibung von Kindheit und Jugend. Auch erfährt der Leser nichts über einen ehrwürdigen Stammbaum, die Eltern und andere Angehörige. Die Familie schildert Gregor als begütert, so dass sie den Sohn zum Studium der Freien Künste nach Rom schicken kann – aus der Provinz in die Weltstadt.

Der Aufbruch aus Rom

Nach kurzer Zeit gibt Benedikt das Studium in Rom auf (Dial. 2, Prol. 1). Das bedeutet keine Bildungsfeindlichkeit, vielmehr erkennt er seine Gefährdung im Milieu einer Stadt, die Gregor als eine Stadt am Abgrund des Lasters bezeichnet: „Deshalb zog er den Fuß, den er gleichsam auf die Schwelle zur Welt gesetzt hatte, wieder zurück, damit nicht auch er von ihrer Lebensart angesteckt werde und so schließlich ganz in bodenlose Tiefe stürze" (Dial. 2, Prol. 1). Das wirft ein bezeichnendes Licht auf „das ewige Rom" am Ende der Spätantike, das schon lange vor Gregor Synonym für Ausschweifung, Gleichgültigkeit und Sittenverfall ist. „Ich schäme mich, es zu sagen, aber ich darf nicht schweigen: die heidnischen Götzen werden mehr geehrt als die Apostel. Wahnwitzige Schauspiele werden fleißiger besucht als die Kirchen der heiligen Märtyrer"[21]. Es ist nicht die Stadt der Apostelfürsten, die Benedikt verlässt, sondern eine Großstadt am Rande der sozialen und moralischen Auflösung, eine Stadt, die zur Zeit Gregors von Zerstörung, Hungersnot, Überschwemmungen und Seuchen gezeichnet ist.

Diese Welt verlässt Benedikt „unwissend", d.h. nicht eingeübt in ihre Bosheit, „doch erfahren" im Geist des Evangeliums, „ungelehrt" in ihren Praktiken, „aber weise" im Wort Gottes (Dial. 2, Prol. 1). Diese Wendung gibt keine Auskunft über den Bildungsstand Benedikts und will dies auch gar nicht. Benedikt verschmäht nicht die akademische Schulung, sondern eine Welt des aufgeblähten Karrierestrebens. Er kehrt sich ab von einer Klugheit, die im Sinn der Bibel Torheit ist[22]. Gregor umschreibt in einem seiner

21 Leo d. Gr., Sermo 84,1.
22 1 Kor 1,20.

berühmtesten Werke: „Denn dies ist die Weisheit der Welt: das Herz listig verstecken; die Gesinnung hinter Worten verschleiern; was falsch ist als wahr, und was wahr ist als falsch hinstellen. ... Lauterkeit gilt bei den Weisen dieser Welt als Torheit. Denn alles, was in Unschuld geschieht, hält die Welt mit Gewissheit für dumm. Was immer die Wahrheit an einer Tat für gut hält, gilt der irdischen Weisheit als töricht“[23].

Eine Bekehrung

Der Aufbruch Benedikts muss im Zusammenhang der Berufungsgeschichten des Evangeliums gelesen werden. Ausdrücklich vermerkt Gregor, dass Benedikt ebenso „das Haus und die Güter seines Vaters“ verlässt (Dial. 2, Prol. 1). Das Verlassen der Familie und des Besitzes ist grundlegendes Element der Nachfolge[24]. Er wird von Anfang an als ein Mensch dargestellt, der dem Ruf des Evangeliums folgt. Als Benedikt Rom verlässt, ist er bereits geprägt. Gregor bringt dies mit dem Hinweis auf das *cor senile* (Dial. 2, Prol. 1) zum Ausdruck – der junge gereifte Mann mit einem bereits weisen Herzen. Neben Entschiedenheit und Unterscheidungsvermögen bezeichnet es vor allem die Nähe zu Gott. Die biblischen Gestalten, die trotz ihrer Jugend diese geistlichen Gaben besaßen, sind hier Vorbild wie z. B. Samuel und Daniel[25].

Gott allein gefallen

Die Endgültigkeit des Abschieds kann kürzer nicht gesagt werden: „So ging er fort“ (Dial. 2, Prol. 1). Diese Trennung von der Welt ist nicht als Weltflucht zu sehen, sondern als Entscheidung für ein Leben der Nachfolge. Auch geht es nicht um Verachtung

23 Greg., Moral. 10,28.
24 Z.B. Mt 4,18–22; 19,29.
25 RB 63,6; vgl. 1 Sam 3,11–18; Dan 13,45–62.

der Schöpfung, sondern die notwendige Distanz zu allem, was die Glaubwürdigkeit des eigenen Lebens gefährden kann. Das eigentliche Ziel ist nicht die negative Absage und Abkehr, sondern Benedikt bricht auf, „um Gott allein zu gefallen" – biblisch gesprochen als Suche nach dem Reich Gottes (Dial. 2, Prol. 1) und setzt damit Prioritäten. Dies ist die eigentliche Motivation. Es geht ausschließlich um Christus und um das Evangelium. Auch hier wird an die Nachfolgesprüche Jesu erinnert, der eine radikale Entsagung fordert (Mt 10,37). „Gott allein" – das drückt die Eindeutigkeit und Klarheit des Lebens aus.

Damit trifft Benedikt zugleich die Entscheidung für ein Leben als Mönch. Gregor kennzeichnet dies mit dem Wunsch: „... deshalb begehrte er das Gewand des gottgeweihten Lebens"[26]. Es ist zu beachten, dass mit dem Wort *habitus* das Gewand als Symbol gesehen wird. *Habitus* ist weniger ein Textil, als vielmehr ein Lebensstil. Mit dem Stichwort der *conversatio* ist allgemein in der damaligen Zeit die Lebensform des Mönchtums gemeint, ein Wort die Entscheidung. Ausdrücklich spricht die Benediktusregel davon, dass jemand kommt mit dem Motiv *„ad conversationem"*, um zu „Mönch werden"[27]. Das Wort geht zurück auf Phil 1,27: „Lebt so, wie es dem Evangelium Christi entspricht – *digne evangelio Christi conversamini.*" Das Mönchskleid ist das äußere Zeichen dieser Entscheidung. Benedikt wählt daher nicht ein Gewand, einen „Habit", er entscheidet sich vielmehr für einen bestimmten ‚Habitus', d. h. für die Lebensweise als Mönch und die innere Haltung, die dem Mönchtum eigentümlich und angemessen ist und ihm zur selbstverständlichen Form seines Lebens werden kann.

---

26 Dial. 2, Prol. 1: *habitum sanctae conversationis quaesivit.*
27 Vgl. RB 58,1; 21,1: *sanctae conversationis.*

6. Benedikt: Der Mensch auf dem Weg

Benedikt ist nicht von Anfang an ein Vollendeter, sondern ein Leben lang auf dem Weg dorthin. Das Motiv des Menschen auf dem Weg ist Gregor wichtig und so finden sich in der Lebensbeschreibung Benedikts zahlreiche Ortsangaben, die offensichtlich mit lokalen Erinnerungen an ihn verbunden. Sie dienen aber nicht einem unmittelbar historischem Interesse, sondern sind mit seinem inneren Weg eng verknüpft. Die Nennung von Orten ist daher nicht nur eine topographische Angabe, sondern macht zugleich eine Aussage über den geistlichen Entwicklungsgang Benedikts. Gregor führt Benedikt entlang eines äußeren Weges, der von Nursia nach Rom, von dort nach Effide, dann in die Einsamkeit von Subiaco, nach Vicovaro und wieder zurück nach Subiaco mit dem Aufblühen der Gemeinschaft geht. Schließlich findet er auf dem Montecassino mit der Gründung des Klosters auf dem Berg seine Vollendung. Die vielen Stationen sind ein Abbild seines inneren Weges, eines Prozesses der Reifung.

Das Leben Benedikts wird damit zugleich als Weg der Nachfolge geschildert. Im Neuen Testament ist es vor allem der – auch nicht nur topographische – Weg Jesu durch Galiläa und Judäa nach Jerusalem, der zu verstehen ist als der innere Weg der Zustimmung Jesu, den er seiner Bestimmung entsprechend geht. Die Schilderung von Wegstrecken, Städten, Ortschaften und Landschaften wie z. B. die Wüste, der Berg, der See, Kafarnaum, Jerusalem sind immer auch Symbole seiner Sendung und Gottesbeziehung. Jesus geht diesen Weg nicht allein, sondern er ruft Menschen, ihm nachzufolgen und sein Geschick zu teilen. Damit ist es auch der Weg der Jünger, die mit ihm gehen. Auch für sie bleibt es ein Weg dauernder Entscheidung.

Der Weg im Aufstieg

Gregor gibt dem Weg Benedikts eine bestimmte Richtung. Er ist geschildert als Aufstieg aus der Höhle in der Erde bis auf den Gipfel des Berges und darüber hinaus in das Paradies. Im Verständnis des damaligen Welthorizontes ist die Richtung von unten nach oben die eigentliche Perspektive des Menschen. Dabei geht es weniger um ein antikes Weltbild, vielmehr um die Beschreibung der Alten Kirche für eine immer größere Annäherung des Menschen an Gott: „... dass es für den, der mit Gott zusammensein will, nötig ist, alles Sichtbare zu übersteigen und seinen Geist wie zu einem Berggipfel zum Unsichtbaren und Unfassbaren zu erheben“[28]. Auch im neuzeitlichen Verständnis verbindet sich mit dem Wort Aufstieg nicht nur die räumliche Vorstellung, sondern ebenso die Veränderung im Leben eines Menschen, die ihn „nach ganz oben“ führt und welchem Ziel auch immer näherbringt. Gregor beschreibt diesen Aufstieg, den Benedikt in einem lebenslangen Prozess vom drohenden Abgrund in Rom bis in das Paradies vollzieht. Dieser geschieht nicht von selbst, vielmehr gilt auch für Benedikt: „Niemand gelangt plötzlich zur Spitze, jeder beginnt in seinem guten Lebenswandel beim Kleinsten, um zum Größten zu gelangen. ... Denn anders ist der Anfang, anders der Fortschritt, anders die Vollkommenheit einer Tugend“[29]. Gregor übernimmt damit ein Modell, das die altkirchliche ebenso wie die profane biographische Literatur nutzt, um den geistlichen und geistigen Fortschritt eines vorbildlichen Menschen zu erläutern und den Grad seiner Vollkommenheit abzubilden.

Die Auftstiegspunkte Gregors haben daher nicht nur die Absicht, die Gestalt Benedikts mit realen Orten zu verbinden und lokale Erzählungen aufzunehmen, sondern ebenso, den inneren Prozess abzubilden. Er gelangt von „unter der Erde“ mit der Erkenntnis seiner selbst „auf die Erde“ mit den Herausforderungen von Wachstum und Scheitern und „über die Erde hinaus“ – Symbol seiner fortschreitenden Gotteserfahrung und der Höhe der Kontemplation.

28 Greg.Nyss., Vita Moys. 317 AB.
29 Greg., Hom.Ez. 2,3,3.4; vgl. Dial. 2,5,9.

In der Höhle

Nach seinem Weggang aus Rom und der Zeit seines Suchens, findet er in Effide gastliche und freundliche Aufnahme in einer Gemeinschaft von Männern, die ein asketisches Leben führen. Es ist eine Form des gemeinsamen Lebens mit eher lockerer Verbindlichkeit. Nach kurzer Zeit trennt er sich aber von ihnen, um seiner Berufung zu folgen (Dial. 2,1,1.3). Sein Aufenthaltsort wird „eine ganz enge Höhle" bei Subiaco (Dial. 2,1,4), in die er sich begibt und in der er drei Jahre bleiben wird. Die Zahl orientiert an dem Zeitraum, in dem Paulus sich von Jerusalem fernhält (Gal 1,18). Sein Aufstieg beginnt mit dem Abstieg in das Innere der Erde, in die Verborgenheit und Einsamkeit. Diese erste Phase des geistlichen Weges Benedikts ist geprägt von Zurückgezogenheit und Verborgenheit. Es ist ein erster Schritt der Begegnung mit sich selbst und seinen tiefsten Motivationen. Dieses Zurückgeworfensein auf sich selbst ist auch für Gregor der erste Schritt des geistlichen Aufstiegs: „Die erste Stufe besteht darin, dass die Seele sich in sich selbst sammelt"[30]. Es ist eine „Erdung", d. h. die Konfrontation mit der eigenen Geschöpflichkeit und dem Ausgeliefertsein an die Erfahrung von Grenzen, Ungeklärtem und Einsamkeit. Auch ohne Rückzug in eine Höhle oder in die Wüste ist dies eine Erfahrung, die sich zu allen Zeiten mit dem geistlichen und existentiellen Weg verbindet. Es sind Zeiten der Orientierung, der Besinnung, der Krise, die den Menschen vor sich selbst bringen, ihn zu sich selbst kommen und zurückkehren lassen im Angesicht Gottes.

Es ist eine wichtige Erfahrung am Beginn, in die eigene Tiefe hinabzusteigen. Die altkirchliche Mönchsüberlieferung spricht immer wieder davon. Es ist der Kontakt des Menschen mit dem, was in ihm ist, mit dem er nicht rechnet und womit er sich vertraut machen muss. Es ist die Konfrontation des Menschen mit sich selbst. In dieser Begegnung mit sich selbst liegt der Beginn eines Weges der Veränderung, des Wachstums und der Reifung.

---

30 Greg., Hom.Ez. 2,5,8.

Ausdrücklich nennt Gregor diesen Ort „eine ganz enge Höhle“ (Dial. 2,1,4). Es ist ein begrenzter Raum, in den Benedikt sich hineinbegibt. Er ist ein Kennzeichn der Beschränkung, die notwendig ist, um sich auf das Wesentliche zu konzentrieren. Zugleich lässt Benedikt sich ein auf die Begrenzungen und Beschränkungen nicht nur der äußerst engen Höhle, sondern auch auf die seiner eigenen Existenz. Nichts kann ablenken, der Mensch kann nicht weit umherschweifen. Der enge Raum ist in der biblischen Tradition verbunden mit der Gotteserfahrung. Eine wichtige Funktion hat dabei die Höhle am Horeb, in der Elija, seine Gotteserfahrung macht. Zu erinnern ist auch an den Felsspalt, wo Mose die Herrlichkeit des Herrn vorüberziehen sieht. Joseph in der Zisterne und Jona im Bauch des Fisches machen die Erfahrung der helfenden Gegenwart Gottes[31].

Benedikt bleibt in dieser Höhle. Damit wird ein Aspekt deutlich, der das Aushalten und Durchtragen einer solchen Situation spiegeln will. Es ist das Bleiben an einem konkreten Ort mit seinen ihm eigenen Bedingungen. Schon hier wird ein nahezu absolutes Kennzeichen seines monastischen Selbstverständnisses erkennbar, das er dann als erster mit dem Schlüsselwort *stabilitas* in seiner Mönchsregel bestätigen wird (vgl. RB 58,17). Er beendet diese Zeit in der Höhle nicht von sich aus. Nicht er entscheidet, wann die Zeit gekommen ist, sondern Gott gibt ihm zu erkennen, wann der nächste Schritt getan werden muss.

Die Ebene

Die Zeit in der Höhle findet ihr Ende als Zeit der ersten Erfahrungen. Dann folgt eine Art Zwischenzeit, in der Benedikt nicht mehr in der Höhle, aber auch noch nicht auf dem Berg ist. Vielleicht kann man sie bezeichnen mit „auf der Erde“ sein. Im Leben Benedikts ist dies jedoch eine wichtige Zeit, da sie eine Vorwegnahme

31 1 Kön 19,9–13; Ex 33,22; Gen 37,24; Jona 2,1–2.

des Kommenden ist und schon die Merkmale in sich birgt, die Benedikt dann auf dem Montecassino zum eigentlichen Mönchsvater werden lassen.

Für diese Lebensphase steht der Name Subiaco und ist für Benedikt grundlegend (Dial. 2,3,13–8,5). Hier sammelt er die Erfahrungen im gemeinsamen monastischen Leben, die ihn reifen lassen in seiner Menschenführung und seiner Christusbeziehung. Die ersten jungen Mönche sammeln sich um ihn, es entsteht eine blühende monastische Landschaft mit zwölf kleinen Klöstern. Benedikt wird zum Vorsteher, der durch seine Leitung das Leben für die Brüder ermöglicht und die Grundwerte des Mönchtums weitergibt. Mit dem Ort Subiaco verbindet Gregor vor allem Episoden, die mit dem dortigen See zu tun haben. Kaiser Claudius hatte den Flusslauf des Aniene aufstauen, drei künstliche Seen anlegen, und Kaiser Nero eine prächtige Villa errichten lassen. Das Wasser wird vor allem zum Zeichen des Lebens im Sinn der johanneischen „Wasser-Theologie"[32].

Doch auch Subiaco ist nicht das eigentliche Ziel seines Weges. Ausgelöst durch den Neid eines feindlichen Priesters (Dial. 2,1–6) wird der Weggang Benedikts notwendig. Hier wird deutlich, dass er ein Geführter ist, der nicht selber nach der Veränderung in seinem Leben sucht, sondern dass Gott sein Vorhaben mit ihm verwirklicht. Aber es ist mehr als nur ein weiterer Ortwechsel. Der Berg, auf den Benedikt nun gelangt, ist die letzte Station seines Lebens.

Der Berg

Die letzte Wegstrecke führt Benedikt auf den Berg. Der Montecassino ist das Ziel seines Lebenswerkes und seiner geistlichen Vollendung. Gregor beschreibt den Montecassino als „einen hohen Berg, der weit in die Höhe ragt und mit dem Gipfel gleichsam bis

32 Joh 4,14; 7,38; vgl. u. S. 26; 29; 30.

zum Himmel ragt“ (Dial. 2,8,10). Auch wenn dieser Berg markant in der Ebene auftaucht, ist die Beschreibung seiner Höhe nicht realistisch. Damit wird deutlich, dass es Gregor nicht um die messbare Höhe des Berges geht, sondern um seine Bedeutung. Heilige Berge spielen in der Religionsgeschichte eine hervorragende Rolle und haben eine unmittelbare religiöse Qualität. Im Alten und im Neuen Testament sind Gottesbegegnungen und Berufungen häufig verbunden mit einem Berg: z. B. der Sinai als Ort des Bundesschlusses, der Horeb als Stätte der Offenbarung Gottes an Mose und der Berufung des Elija, der Tabor als Berg der Verklärung, Golgotha als Ort der Kreuzigung und des Todes Jesu[33].

Der Aufstieg auf den Berg bedeutet für Benedikt den weiteren Schritt zu seiner Vollendung, zugleich ist es auch ein Neuanfang. Nicht nur die Mauern eines Klosters müssen neu errichtet werden, mehr noch muss das Gefüge der Brüder als Gemeinschaft gelingen. Dafür steht Benedikt als Abt ein. Er kann seine Erfahrungen aus Subiaco einbringen, muss sich aber auch an sein Scheitern in Vicovaro erinnern.

Für Gregor ist der Berg eng mit besonderen Aufgaben in der Kirche verbunden. Wer einen Leitungsauftrag hat, ist wie ein Mensch, der auf einem Berg steht. In seinen Homilien zum Buch Ezechiel zieht er eine Verbindung zwischen dem Berg und der Verantwortung für das Volk Gottes. „Als Wächter wird bezeichnet, wem die Sorge um fremde Bereiche übertragen ist. Er soll auf der Höhe des Geistes sein und den Namen aus der Kraft der Tätigkeit rechtfertigen. Wer unten ist, ist ja kein Wächter. Ein Wächter steht stets auf einer Anhöhe, damit er schon von weitem voraussieht, was immer kommen wird. Und wer zum Wächter des Volkes bestellt ist, soll in seinem Lebenswandel auf der Höhe feststehen“[34]. Benedikt wird auf dem Berg zum eigentlichen *abbas*, zum ‚Alt-

33 Ex 19,1–25; Ex 3,1–14; 1 Kön 19,8; Lk 9,28–36; Mt 27,33.
34 Greg., Hom.Ez. 1,11,4.

vater‘ und Wachsamen auf der Höhe, zum guten Hirten und zum geistlichen Vater seiner Mönche.

Der Turm

Die gewaltige Höhe des Berges genügt Gregor nicht. Um die geistliche Höhe Benedikts zu veranschaulichen, führt der Weg noch weiter hinauf. Gregor spricht unvermittelt vom Turm, in dem Benedikt sich befindet (Dial. 2,35,2). Die detaillierte Beschreibung des Turmes mit zwei Stockwerken macht darauf aufmerksam, dass es nicht um die Architektur geht, sondern um den inneren geistlichen Weg, den Benedikt zurückgelegt.

Der Wohnturm des Abtes auf dem Montecassino wird zum Symbol der Annäherung an den Himmel. Das untere und obere Stockwerk des Turmes sind deutlich unterschieden und durch eine Stiege, wörtlich einen Hinaufgang – *ascensus* verbunden, womit Gregor das Motiv des Aufstiegs wiederholt. Benedikt befindet sich im oberen Stockwerk. Damit übersteigt er den Berg und ist an der höchsten Stelle, die möglich ist. Es signalisiert die Höhe, auf der Benedikt geistlich angelangt ist. Wenn schon der Berg, wie Gregor sagt, mit seinem Gipfel gleichsam bis zum Himmel ragt, dann ist Benedikt im oberen Stockwerk des Turmes in die größtmögliche Nähe zum Himmel und die unmittelbare Gegenwart Gottes gerückt. Von dort aus ist der *transitus*, der Hinübergang in die Ewigkeit Gottes bereits nahezu vollzogen[35].

Die Himmelstraße

Mit dem zweiten Stockwerk im Turm ist die höchste Stelle auf dem Montecassino erreicht und das endgültige Ziel des Aufstiegs auf dieser Erde erreicht. Gregor lässt Benedikt jedoch noch in weitere Höhen gelangen, nun aber nach seinem Tod und nicht

35 Vgl. u. S. 45f.: Die Lichtvision.

mehr von dieser Welt. Dieser Überstieg im Tod ist der *transitus*, ein Hinüber-Gang im eigentlichen Sinn in die Ewigkeit. In einer Schau sehen zwei der Brüder „wie eine Straße – *via* von seinem Kloster genau in östlicher Richtung bis zum Himmel reichte; sie war mit Teppichen ausgelegt und von zahllosen Lampen erleuchtet. Oben stand strahlend ein Mann von ehrfurchtgebietendem Aussehen und fragte sie, für wen dieser Weg sei, den sie sahen. Sie gaben zu, sie wüßten es nicht. Da sagte er zu ihnen: Dies ist der Weg, auf dem Benedikt, den der Herr liebte, zum Himmel emporsteigt" (Dial. 2,37,3). Ein letztes Mal nimmt Gregor das Motiv des geistlichen Aufstiegs in den Blick. Ausdrücklich verwendet er eine Sprache, die an die Himmelfahrtsperikope erinnert (vgl. Apg 1,9–11).

Bei diesem Weg Benedikts spricht Gregor ausdrücklich von der östlichen Richtung. Benedikt geht „*orientis* – geostet" in den Himmel. Der Osten ist seit den Tagen der Urkirche die Ausrichtung beim Gebet wie auch beim Tod. Häufig ist der Sterbende nach Osten gewandt. Es ist die Richtung nicht nur der aufgehenden Sonne als Symbol für Christus, sondern auch der „Gegend" des Paradieses. Der Osten ist ebenso der „Ort" des auferstandenen Herrn. Benedikt gelangt an den Ort, wo der Herr lebt und von wo er wiederkommen wird. Er ist am eigentlichen Ziel jedes menschlichen Lebens angekommen.

7. Ein begleitetes Leben

Gregor stellt Benedikt dar als einen Menschen, der schon früh geistliche Erfahrungen gemacht und sich mit Entschiedenheit auf Gott ausgerichtet hat. Aber er schildert ihn nicht als einsame Gestalt in erhabener Höhe. Benedikt ist ein Mensch, der von der Begegnung mit anderen Menschen lebt, von ihrer Begleitung, von ihrer Zuwendung, von ihrer Korrektur. Damit wird das Thema der geistlichen Begleitung zu einem Schlüsselmotiv seiner Vita. Benedikt selber ist angewiesen auf den Dienst der Begleitung durch andere und bleibt sein ganzes Leben hindurch bis in den Tod hinein eng verbunden mit den Menschen seiner Umgebung.

Einweisung in das Mönchtum: Der Mönch Romanus

Ausdrücklich stellt Gregor den Beginn des monastischen Lebens Benedikts unter die Begleitung durch einen erfahrenen Mönch. Er nimmt damit ein grundsätzliches Thema der Mönchsüberlieferung auf. Wer Mönch werden will, kann dies nicht von sich aus und allein tun, sondern er braucht die Einweisung in die Tradition des Mönchtums unter der Leitung eines kundigen geistlichen Vaters. Benedikt trifft bei seinem Weggang aus Rom und Effide auf den Mönch Romanus (Dial. 2,1,4). Dieses Zusammentreffen gibt seinem Leben die entscheidende Richtung und führt ihn nach Subiaco. Gregor bringt dabei die klassischen Elemente der Entscheidungsfindung zur Sprache. In einem Prozess der Klärung stellt Romanus zunächst die Frage nach dem Ziel. Dadurch wird Benedikt gezwungen, seine Absichten und Ideale auszusprechen. solches Offenlegen ist bei allen Lebensentscheidungen von großer Bedeutung und macht den Menschen fähig, seine Motive und Vorstellungen klar zu erkennen, zu benennen und sich dann bewusst zu entscheiden.

Romanus besiegelt diese Einweisung mit einem besonderen Zeichen. Er übergibt – „tradiert" sagt Gregor wörtlich – ihm „das Gewand des gottgeweihten Lebens", das Mönchsgewand. Damit greift er zurück auf das Motiv Benedikts, Gott allein zu gefallen und seinem Wunsch nach dem monastischen „Gewand"[36]. Gregor bringt es so unvermittelt in die Handlung ein, dass niemand davon ausgehen kann, Romanus habe ein fertig geschneidertes und passendes Kleidungsstück mit sich geführt. Das Gewand wird im lateinischen Text auch an dieser Stelle als *habitus* bezeichnet, und meint mehr als nur einen Habit, eine Mönchskutte. Mit dem Wort

36 Vgl. o. S. 33: *habitum sanctae conversationis.*

ist vielmehr das innere Wesen dessen ausgedrückt, was Mönchtum ausmacht und wie man als Mönch zu leben hat. Es deutet die Lebensform entsprechend der Überlieferung, in die Romanus Benedikt einweist, also das Gesamtgefüge monastischer Existenz.

Romanus seinerseits übernimmt Verantwortung für Benedikt, die er durchträgt. Es geht um einen kontinuierlichen Prozess der Begleitung, der sich einige Zeit fortsetzt, auch nachdem Benedikt ein erstes Ziel, die Höhle von Subiaco, erreicht hat.

Romanus begleitet in großer Zurückhaltung den Weg Benedikts. Er gibt keine Ratschläge und Anweisungen, aber er sorgt unauffällig für das Lebensnotwendige. Wenn er ihm regelmäßig Brot bringt, ist das nicht nur ein Lebensmittel, sondern ein Symbol dafür, was der Mensch braucht. In der Einsamkeit seiner Höhle wird Benedikt nicht alleingelassen, sondern täglich daran erinnert, dass er nicht von sich aus und für sich allein leben kann, sondern angewiesen ist auf alles, was Leben, auch geistliches Leben, ermöglicht. Benedikt lebt von den Gaben der anderen. Das Brot verdeutlicht ihm den lebensspendenden Zusammenhang mit der Gemeinschaft der Mönche und aller Gläubigen.

Begleitung im Übergang: Der Osterbote

Diese Verbindung zur Gemeinde der Glaubenden wird noch deutlicher in der Gestalt des „Osterboten“ (Dial. 2,1,6–7). Gott offenbart einem Priester am Osterfest, dass er einen pastoralen Auftrag für ihn hat. Er soll Benedikt in seiner Höhle aufsuchen und ihm Nahrung bringen. Auch hier ist Nahrung nicht nur eine Mahlzeit, sondern bedeutet darüber hinaus Mahlgemeinschaft. Diese priesterliche Gestalt bleibt als einzige in der Vita anonym und bringt ein entscheidendes Korrektiv in das einsame Leben Benedikts in seiner Höhle. Die Zurückgezogenheit hat Benedikt vergessen lassen, dass es die Gemeinschaft der Gläubigen gibt. Sie hat ihn die liturgischen Bezüge vergessen lassen, so sehr, dass Gregor schreibt: „Er wusste nämlich nicht, dass auf jenen Tag das Osterfest fiel; so weit hatte er sich von den Menschen entfernt“, wörtlich schreibt Gregor, dass Benedikt sich „weit von den Menschen abgesetzt hatte“ (Dial. 2,1,7). Von sich aus findet er die Hinwendung nicht mehr.

So ist es durchaus Absicht Gregors, wenn er den Priester dort suchen lässt, wo sich ein Mensch verstecken oder verirren kann „in den steilen Felsen, in den Talgründen und in den Schluchten“ (Dial. 2,1,6), und das nicht nur im konkreten Sinn. Als er Benedikt findet, holt er ihn in die Gemeinschaft der Gläubigen zurück. Wie die erste Gemeinde in Jerusalem beten sie zusammen, preisen Gott und halten Mahl – Eucharistie und Agape – miteinander[37].

Für Benedikt ist diese Begebenheit eine tiefe Erfahrung, die er mit dem Wort zum Ausdruck bringt: „Es ist Ostern, denn mir wurde gewährt, dich zu sehen“ (Dial. 2,1,7). Auch wenn es sich um eine Art Missverständnis handelt, knüpft der Priester daran an und die Begegnung mit ihm bringt die Wende im das eremitischen Leben Benedikts. Unmittelbar danach kommen Menschen zu ihm, die von ihm Beistand und Belehrung wünschen. Er wird zum Lehrer und Hirten, dem sich die ersten Jünger anschließen.

Die Krise in der Lebensmitte: Der tröstende Freund

Nicht nur am Beginn seines Lebens als Mönch sind Begegnung und Aussprache mit Menschen seiner Umgebung für Benedikt von großer Bedeutung. Sie bleiben es und werden an entscheidenden Punkten und in kritischen Situationen zu wichtigen Elementen auf seinem Weg.

Benedikt lebt nicht in selbstgewählter Isolation weder nach innen noch nach außen. Gregor schildert ihn als einen Menschen, der seine Freundschaft anderen schenkt. Ein Asket namens Theoprobus genießt „sein großes Vertrauen“, mehr noch, die beiden verbindet eine Vertrautheit, die Gregor mit dem Wort *familiaritas* charakterisiert (Dial. 2,17,1). Unangemeldet kann er sich in die

37 Vgl. Apg 1,14; 2,46–47; 4,33.

Zelle Benedikts begeben, d.h. in den inneren Bereich, weil er es nicht ausnutzt und Abstand zu wahren weiß.

Er findet Benedikt in einer Situation, die für ihn äußerst schmerzvoll ist. Benedikt hat auf dem Montecassino eine neue Lebensphase begonnen, er hat den äußeren Aufbau des Klosters und die innere Entwicklung der Gemeinschaft vorangebracht, als es für ihn zu einer Krise kommt. Gott lässt ihn erkennen, dass sein Werk keinen Bestand haben wird. Er sieht die Zerstörung des Klosters auf dem Berg und die Flucht der Brüder durch die Barbaren voraus. Gregor bestätigt die Erfüllung dieser Vision: „Theoprobus hörte damals diese Worte; wir aber sehen ihre Erfüllung. Wir wissen, dass das Kloster vor kurzem von den Langobarden zerstört worden ist. Nachts, als die Brüder schliefen, drangen sie dort ein und plünderten alles, konnten aber keinen einzigen Menschen ergreifen“ (Dial. 2,17,2). Die Mönche flohen nach Rom, in die freie Enklave.

Benedikt trauert, ist über diese schmerzliche Gewissheit zutiefst betrübt und weint bitterlich. Es ist wichtig, dass Gregor ihn als einen Menschen schildert, der großen Kummer empfindet und Tränen vergießt. Während er trauert, betritt Theoprobus seine Zelle, der sich vor langer Zeit der geistlichen Führung Benedikts anvertraut hat. Zwischen beiden ist eine Beziehung gewachsen, die es Benedikt möglich macht, sich seiner Tränen nicht zu schämen, seinen Schmerz mitzuteilen, seine Enttäuschungen auszusprechen, sein Leid zu teilen. Aber er kann auch seine Hoffnung äußern und die Gewissheit, dass die Brüder nicht zu Tode kommen.

Auf dem Höhepunkt: Der Zeuge des Geheimnisses

Der Höhepunkt im Leben Benedikts ist die kosmische Lichtvision[38]. Die Erfahrung der intensiven Gegenwart Gottes im Symbol des alles erhellenden österlichen Lichtes wird für Benedikt zur innersten

38 Dial. 2,35,2–3; vgl. u. S. 45f.

Erfüllung seines Lebens. Es ist eine Stunde des Geheimnisses zwischen Gott und dem Menschen. Benedikt behält diese Erfahrung nicht für sich. Er möchte Zeugnis ablegen von dieser Gegenwart Gottes, von einem Leben im Licht, das nicht nur ihm zugedacht ist, sondern allen Getauften, von einer Zukunft in alle Ewigkeit. Er teilt diese Erfahrung und seine Botschaft ist keine Indiskretion, kein Sich-zur-Schau-Stellen, sondern die Verkündigung dessen, was Gott mit jedem Menschen vorhat.

Mit dem Abt und Diakon Servandus verbindet Benedikt schon seit langer Zeit eine enge Beziehung. Die Kontinuität und der Tiefgang ihres geistlichen Gesprächs werden von Gregor eigens hervorgehoben: „kam oft zum Kloster Benedikts; denn auch er war erfüllt von göttlicher Weisheit und Gnade. Sie sprachen dann über das Glück des ewigen Lebens und erbauten sich gegenseitig“ (Dial. 2,35,1).

Für die Mitteilung einer so außergewöhnlichen geistlichen Erfahrung, wie Benedikt sie erlebt, ist eine besondere Verbundenheit unter Menschen notwendig. Servandus befindet sich nicht im selben Raum wie Benedikt. Der ruft ihn laut, ein ungewöhnliches Verhalten, das aber die Dringlichkeit dessen ankündigt, was Benedikt zu sagen hat. Es ist nicht selbstverständlich, dass über Gotteserfahrungen mit anderen gesprochen werden kann. Hier wird Zeugnis abgelegt von der jenseitigen Welt, vom Hinübergang und von der Auferstehung. Benedikt wird damit ausgewiesen als ein Mensch von hoher geistlicher Reife, von Unabhängigkeit und Souveränität. Zugleich aber wird sein Gesprächspartner als ein Mensch dargestellt, der diese Botschaft empfangen und richtig deuten kann.

Auf Vollendung hin: Der Dienst der Frau

Benedikt bleibt ein Mensch, der zu keinem Zeitpunkt seines Lebens losgelöst ist von Menschen, die ihm weiterhelfen, ihn korrigieren, ihn Wichtiges zu lehren haben. Er nicht noch vollendet und bleibt bis zu seinem Ende angewiesen auf geistliche Begleitung. Ganz unvermittelt spricht Gregor von einer Schwester Benedikts (Dial. 2,33,1–5). Sie kommt bei der Nennung der Familienverhältnisse zu Beginn der Vita nicht vor und wird sonst kein anderes Mal erwähnt. Der ungewöhnliche, vom Griechischen abgeleitete Name Scholastika kann als Programm gelesen werden. Er bedeutet „die Gelehrte, die Weise" und zeigt, dass sie, die Eingeweihte in das Mysterium Gottes, für ihren Bruder zur geistlichen Lehrmeisterin wird. Sie ist erfahren im geistlichen Leben, das sie seit langen Jahren führt.

Scholastika ist ausgewiesen als „dem Herrn geweiht" und als „gottgeweihte Frau" (Dial. 2,33,2). Allerdings gibt Gregor keinen Hinweis auf ein bestimmtes Kloster oder eine feste Regel, auch nicht auf eine konkrete Lebensform. Die Vielfalt der asketisch-monastischen Möglichkeiten ist in dieser Zeit noch voll ausgestaltet. Sie kann eine alleinlebende Asketin sein, was in der christlichen Spätantike keine Ausnahme darstellt. Sie kann aber auch mit mehreren Frauen gemeinsam in einem Kloster, in einer Pfarrgemeinde oder auf einem Familienbesitz leben.

Gregor schildert nur diesen einen Besuch. Es ist die letzte Begegnung der Geschwister und Scholastika setzt einen besonderen und entschiedenen Akzent, wenn sie den Bruder bittet, mit ihr ein nächtliches geistliches Gespräch zu führen und die Regel zu brechen, am Abend ins Kloster zurückzukehren. Diese Bitte scheint auf den ersten Blick gegen das Gesetz zu stehen. Es ist das erste und einzige Mal, dass sie eine solche Bitte äußert, denn sie weiß um das nahe Ende ihres Lebens. Sie will keine familiären Erinnerungen austauschen, sondern mit Benedikt gleichsam ihre Toten-Vigil feiern, eine durchwachte Nacht des Gebetes angesichts ihres unmittelbaren Todes. Benedikt weigert sich hartnäckig unter Berufung auf den klösterlichen Brauch. So belehrt sie ihn über den weit besseren Weg der Liebe (1 Kor 12,31).

Es ist auffallend, dass Gregor ausdrücklich von einer Frau diese Begleitung geschehen lässt. Die im Mönchtum häufig praktizierte asketische Abschließung gegenüber der Frau, besonders gegenüber der eigenen Mutter und Schwester, spielt hier keine Rolle mehr. Scholastika verwirklicht in ihrer Person, was das Evangelium als höchsten Wert verkündet: die Liebe. So „vermochte die mehr, die größere Liebe hatte“, wie Gregor es ausdrückt[39]. Die gemeinsame Ausrichtung auf den Herrn ist in dieser Stunde das einzig Wichtige. Benedikt erkennt die Dringlichkeit nicht und ist nicht in der Lage, diese Grenzsituation wahrzunehmen, die einen ganz eigenen Umgang mit Gesetz und Regeln braucht. Er beharrt auf dem Gesetz, auf der Regel des Klosters und ist noch nicht zur vollen Unterscheidungsgabe des Herzens gelangt. Erst das plötzlich hereinbrechende Gewitter, mit dem der Herr auf das Gebet der Scholastika antwortet, macht eine Rückkehr unmöglich und ist ein Zeichen Gottes. Aber nicht einmal daraufhin wird er einsichtig, macht vielmehr seiner Schwester bittere Vorwürfe.

Es geht nicht darum, Regeln zu unterlaufen, dazu ist der Anlass zu einmalig und zu grundsätzlich. Benedikt muss lernen, dass es Situationen gibt, wo das Gesetz außer Kraft gesetzt wird um der Liebe willen. Das geschieht nicht leichtfertig, sondern gleichsam im Auftrag Gottes, der mit dem einsetzenden Regen selbst das Zeichen zum Bleiben gibt. Auch ist wichtig, dass diese Priorität der Liebe erst am Ende eines langen Lebens steht, das sich in der monastischen und klösterlichen Ordnung bewährt hat, und dass Liebe nicht mit Beliebigkeit verwechselt wird.

Scholastika ist die Gestalt der biblischen Frau Weisheit, die den Unbelehrbaren unterrichtet, damit er weise wird, und den Gerechten belehrt, damit er dazulernt (vgl. Spr 9,1–9). Sie verkörpert die furchtlose Hingabe, die sich freimütig an Gott wendet und die Gabe des wunderwirkenden Gebetes ebenso besitzt wie die vollkommene Gottesliebe. Erst in der Begegnung mit seiner Schwester reift Benedikt zu jener Vollendung im Geist des Evangeliums heran, die für den vollkommenen Mönch unerlässlich ist: zur Er-

39 Dial. 2,33,5; 1 Joh 4,8.16.

kenntnis, dass die Liebe über allem steht. Scholastika ist bereits am Ziel ihres Weges angelangt: bei der Liebe, die alle Furcht vertreibt (vgl. 1 Joh 4,18).

Im Übergang: Das begleitete Sterben

Das große Leitthema im Leben Benedikts ist seine Angewiesenheit auf Menschen. Das gibt seinem Bild eine bestimmte Prägung, die sich nicht ohne weiteres mit der Charakterisierung des vollkommenen Mönchs, des Mannes Gottes verbindet. Für Gregor ist diese Beziehung zu den Menschen von großer Bedeutung in der Schilderung des Mönchsvaters. Das zeigt sich daran, dass er beim Sterben Benedikts diesen Aspekt besonders klar entfaltet.

Als Benedikt seinen Tod nahen spürt, lässt er sich von seinen Mönchen in die Kirche tragen und stützen (Dial. 2,37,2). Das meint nicht nur Hilfe in einer konkreten Situation der Schwäche, sondern ist ein Zeichen dafür, was gemeinsames Leben bedeutet: einander gegenseitig zu tragen, wie Paulus sagt: „Einer trage des anderen Last" (Gal 6,2). Als Vater des Klosters hat Benedikt ein Leben hindurch die Lasten anderer getragen, aber die Mönche auch ihn. Das wird am Ende offenbar. Benedikt ist nicht nur der Gebende, sondern er hat immer auch von seiner Gemeinschaft empfangen.

Gregor führt diesen Gedanken noch weiter, wenn er schildert, wie Benedikt in seiner Todesstunde stehend mit erhobenen Händen betet. Das vermag er aber nicht mehr von sich aus. In seiner tödlichen Schwachheit wird er gestützt von den Händen seiner Brüder. Von ihnen gehalten kann er sterben. „Am sechsten Tag ließ er sich von seinen Jüngern in die Kirche tragen; dort stärkte er sich durch den Empfang des Leibes und Blutes unseres Herrn für seinen Tod. Er ließ seine geschwächten Glieder von den Händen seiner Schüler stützen" (Dial. 2,37,2). Das biblische Vorbild ist Mose, der auf dem Berg von den Händen seiner Begleiter gestützt wird, wenn seine Arme zu sinken drohen als Zeichen für den Sieg oder die Niederlage Israels über die Amalekiter (Ex 17,12). Für Benedikt ist es die Hilfe im Übergang aus diesem Leben in das neue Leben beim Herrn. Dabei ist er nicht allein und vor allem nicht alleingelassen.

8. Benedikt – Der angefochtene Mönch

Der Heilige steht nicht jenseits von Anfechtungen und Versuchung. Er bleibt ganz Mensch und damit allen Gefährdungen, Grenzen und Schwächen ausgeliefert. Er ist versuchbar und verführbar. An vielen Stellen der Benediktusvita spricht Gregor von dieser realen Erfahrung menschlicher Geschöpflichkeit und kleidet sie in das Bildwort vom Urfeind, vom ‚Alten Feind'. Damit ist ein Thema eingeführt, das zur christlichen und monastischen Spiritualität gehört: das Motiv des Kampfes. Die Benediktusregel setzt es unmittelbar an den Anfang: „Wenn du für Christus, den Herrn und wahren König, kämpfen willst...“ (RB Prol. 3) und charakterisiert die Mönche als diejenigen, die „unter Regel und Abt kämpfen“ (RB 1,2). Es ist der geistliche Kampf gegen Anfechtungen und Laster, gegen Abhängigkeiten und Verlust der Tiefe. Die Spiritualität des altkirchlichen Mönchtums kleidet diese Erfahrungen in die Bilderwelt der „Dämonen“, dem Bösen schlechthin, das den Menschen bedrängt. Bezeichnenderweise sprechen die Mönchsväter in diesem Zusammenhang von den „Gedanken“, den *logismoi*. Nicht was von außen den Menschen anficht, ist das eigentlich Bedrohende, sondern was aus seinem Inneren kommt und aus seinem Herzen aufsteigt[40]. Damit ist alles gemeint, was den Getauften, den Mönch wegziehen will von seiner Entscheidung für Christus.

Benedikt ist nicht ein Mensch, der Verführung, Versuchung und Anfechtungen nicht kennt, sondern einer, der sich ihnen stellt. Es ist eine Auseinandersetzung, die auch für den Heiligen ein Le-

40 Vgl. Mt 15,18: Was aber aus dem Mund herauskommt, das kommt aus dem Herzen, und das macht den Menschen unrein.

ben lang währt. Gregor hält ausdrücklich fest: „Der heilige Mann wechselte den Ort, nicht aber den Feind. Denn von jetzt an hatte er noch härtere Kämpfe zu bestehen, je mehr er einsah, dass der Meister der Bosheit offen gegen ihn kämpfte" (Dial. 2,8,10). Gregor will mit seinen Erzählungen dazu ermutigen, ein Leben im Geist Jesu Christi zu führen allen Schwierigkeiten zum Trotz. Niemand ist vor diesen Gefahren gefeit, niemand ist ausgenommen. Auch für den Heiligen gilt die Warnung der Benediktusregel: „Immer schaue er voll Misstrauen auf seine eigene Brüchigkeit – *fragilitas*" (RB 64,13). Heilig sein heißt nicht, keine Versuchungen zu kennen, sondern sich in ihnen zu bewähren, denn heilig ist man nicht, man wird es oder kann es zumindest werden. Damit ist Benedikt solidarisch mit jedem Menschen. Die Heiligen zeigen aber, wie der Christ ihnen begegnen kann. Gerade die Schilderung der bleibenden Gefährdung Benedikts fordert dazu heraus, auch selber Widerstand zu leisten.

Die Motivwelt der Versuchungen

Die Motivwelt dieser inneren Gefahren ist reichhaltig und Gregor übernimmt die Grundvorstellungen aus der christlichen literarischen Tradition. Vielgestaltig sind die Bilder, die er dafür verwendet. Das Bild des schwarzen Vogels verkörpert die Versuchung schlechthin: „Eines Tages, als Benedikt allein war, nahte sich ihm der Versucher. Ein kleiner schwarzer Vogel, eine Amsel, flatterte ihm um das Gesicht und belästigte ihn zudringlich" (Dial. 2,2,1). Die Amsel mit ihren schwarzen Federn gilt wegen ihres lockenden Zwitscherns als Symbol der Versuchung. In der christlichen Überlieferung bedeutet Schwarz die Farbe des Bösen und kann als Teufelsumschreibung schlechthin gelten. Auch der schwarze Knabe macht das deutlich, der einen Mönch am Gebet hindert: „... sah er (Benedikt), wie ein kleiner schwarzer Knabe jenen Mönch, der es nicht beim Gebet aushalten konnte, am Saum seines Gewandes hinauszog" (Dial. 2,4,2).

In den Symbolen gefährlicher Tiere zeigt sich ebenfalls die Kraft des Versuchers. Das gestaltgewordenen Böse lauert dem Menschen auf und bedroht seine körperliche, mehr noch seine geistliche Existenz. Die Schlange (Dial. 2,18,1) verweist auf die Paradieserzählung als Verführer der Menschen von Anbeginn (Gen 3,1–7). In ähnlicher Weise wird die bedrohliche Gestalt des Drachen zum Symbol des Bösen (Dial. 2,25,2). Bereits die Heilige Schrift kennt das Motiv des Drachen als Bedrohung (z. B. Ps 91,13; Offb 12,9; 20,2).

Der Alte Feind tritt Benedikt aber auch entgegen in Menschen, die schlecht an ihm handeln. Ein besonders krasses Beispiel bietet Gregor mit der Person des Priesters Florentius (Dial. 2,8,1–3). Dessen Neid auf die seelsorglichen Erfolge Benedikts und die Missgunst, mit der er das glaubwürdige Leben des Abtes in Subiaco betrachtet, lässt ihn vergiftetes geweihtes Brot an Benedikt schicken – ein deutliches Symbol. Zwar wird dieser vor dem Tod bewahrt, aber sein Widersacher versucht nun, seine jungen Mönche seelisch zu vergiften durch ein „pornographisches Programm“. Auf diese Konfrontation mit dem Angriff auf seine Brüder antwortet Benedikt mit dem Weggang von Subiaco nach Montecassino im Geist der Weisung Jesu, dem Bösen keinen Widerstand zu leisten (Mt 5,39).

Die innere Versuchung Benedikts

Der Böse tritt aber nicht nur von außen an Benedikt heran. Er ist nicht gefeit gegen die Versuchungen, die im Herzen aufsteigen. Gleichsam als Grundmodell der Anfechtung und des Umgangs mit Verführung stellt Gregor ganz zu Beginn des geistlichen Lebens Benedikts eine Episode dar, die diese Realität im geistlichen Leben abbildet.

Die Wirklichkeit des Urfeindes spürt Benedikt am eigenen Leib. Er bleibt nicht verschont, wie Gregor nicht müde wird zu betonen. Am Ende seiner Höhlenphase muss Benedikt eine Erfahrung machen, die zu diesem Zeitpunkt vielleicht unerwartet kommt. Drei Jahre intensiven Lebens in der Verborgenheit liegen hinter ihm, als Gedanken in ihm hoch kommen, die als überwunden gelten konnten. „Irgendwann hatte er eine Frau gesehen, die ihm der böse Geist jetzt wieder vor Augen führte. Durch das Bild ihrer Schönheit entfachte er im Diener Gottes eine solche Glut, dass sich das brennende Verlangen in seiner Brust kaum bändigen ließ" (Dial. 2,2,1). Es ist bezeichnend, dass Gregor als Ausgangspunkt dafür das Alleinsein Benedikts erwähnt, der in der Einsamkeit das Fehlen von Zuwendung und Geborgenheit erlebt, eine innere Mangelerfahrung, die nicht auf den sexuellen Bereich beschränkt ist. Es geht um den ganzen Menschen und um die Frage nach dem Bleiben in der gewählten Lebensform. Die eigentliche Versuchung ist die zur Flucht entgegen seiner ursprünglichen Entscheidung: „... und er war nahe daran, die Einsamkeit zu verlassen", zu desertieren, wie Gregor wörtlich formuliert (Dial. 2,2,1). Es zeigt Benedikt nicht als einen unbeirrbaren Menschen, vielmehr als einen, der versuchbar ist und in Gegensatz gerät zu seiner Intention des Anfangs: „Gott allein wollte er gefallen" (Dial. 2, Prol. 1).

Gregor verwendet in dieser Begebenheit eine dichte emotionale Sprache mit der Metapher des Feuers, wie sie bei einer starken Liebeserfahrung verwendet wird. Offensichtlich geht es ihm um die Fähigkeit Benedikts zur Liebe, denn am Schluss hält er ausdrücklich fest: „Er besiegte die Anfechtung, indem er das Feuer umwandelte" (Dial. 2,2,2). Benedikt tritt das Feuer nicht aus, löscht die Leidenschaft nicht aus, sondern verwandelt diese Kräfte, gibt ihnen ein neues Ziel in der Fürsorge und Zuwendung zu seinen Mönchen und zu allen Menschen, die zu ihm kommen.

Benedikt entkommt der Versuchung nicht durch eigene Kraft. Nicht einmal von einem Gebet Benedikts ist die Rede. Gregor schreibt die Überwindung ausdrücklich dem Herrn allein zu: „Da traf ihn plötzlich der Blick der göttlichen Gnade, und er kehrte zu sich selbst zurück" (Dial. 2,2,2). Damit wird auf die neutestamentliche Stelle zurückgegriffen, die die Umkehr des Petrus nach der

Verleugnung schildert: „Da wandte sich der Herr um und blickte Petrus an. Und Petrus erinnerte sich an das, was der Herr zu ihm gesagt hatte“ (Lk 22,61). Leo der Großen umschreibt dies mit folgenden Worten: „Inmitten der Verleumdungen der Hohenpriester... suchte Christus den wankend gewordenen Jünger mit jenem Auge, mit dem er seine Niederlage vorhergesehen hatte. Und der Blick der Wahrheit traf den Apostel ins Herz, wo sich seine Umkehr vollziehen sollte“[41]. Ohne den Beistand Gottes wäre Benedikt vielleicht geflüchtet. Es geht daher nicht darum, die heroische Tugendstärke und sittliche Kraft Benedikts zu beschwören. Nicht der ist heilig, der von sich aus siegreich ist, sondern wer sich auf die Hilfe Gottes einlässt.

Gregor macht mit einer symbolischen Wendung klar, dass Heilige Menschen sind, an denen Versuchungen und Kämpfe Spuren hinterlassen. Benedikt wirft sich in die Dornen, die ihn zerstechen, verletzen und verwunden. Das meint nichts anderes, als dass Wunden, Verletzungen entstehen und zur geistlichen Existenz gehören. Sie verursachen Narben, die bleiben.

9. Benedikt – Helfer der Menschen

In der Nachfolge der Propheten und Apostel

Seit den Anfängen der christlichen Hagiographie spielen die Vorbilder der biblischen Heiligen eine bedeutsame Rolle, um die großen Persönlichkeiten des frühen Christentums darzustellen. Es sind Menschen, die in besonderer Weise von Gott auserwählt, berufen und beauftragt sind. Sie werden seiner Nähe gewürdigt und stehen in enger, betender Verbindung zu ihm. Benedikt hat seinen Platz in der langen Reihe dieser biblischen Gestalten. Gregor greift ausführlich auf Leben und Handeln der Propheten und Apostel zurück, um Benedikt als einen Mönch und Abt darzustellen, der in

41 Leo d. Gr., Sermo 54,5.

unmittelbarer Nähe zu Gott lebt, von ihm gesegnet und begnadet ist. Diese Erwählung wird ausgewiesen durch sein Wunderwirken, das nicht seiner eigenen Bedeutung dient, sondern dem Heil der Menschen.

Damit ist ihm ein exemplarischer Ort im Gefüge der Heilsgeschichte zugewiesen, wenn der Gesprächspartner Petrus die Episoden im Leben Benedikts in die biblische Heilsgeschichte einordnet: „Wunderbar und höchst erstaunlich ist, was du erzählst. Das Wasser, das aus dem Felsen strömt, erinnert mich an Mose (vgl. Num 20,7–11); das Sichelmesser, das aus der Tiefe des Wassers emporkommt, an Elischa (vgl. 2 Kön 6,5–7); das Gehen über das Wasser an Petrus (vgl. Mt 14,28–29); das Gehorchen des Raben an Elija (vgl. 1 Kön 17,4–6); die Trauer über den Tod des Feindes an David (vgl. 2 Sam 1,11–12). Wenn ich all das erwäge: Dieser Mann war erfüllt vom Geist aller Gerechten“ (Dial. 2,8,8).

Die Zeichen der Propheten

Vor allem in den Wunderberichten[42] sind die großen Zeichen der Propheten erkennbar, wie die Aufzählung des Petrus bereits gezeigt hat. Benedikt steht in einer Linie mit Mose, der in der Wüste Wasser aus dem Felsen schlägt (Dial. 2,5; Ex 17,1–6). Der Mangel an Brot, den Benedikt behebt, weist ebenfalls zurück auf die Notsituation in der Wüste, in der Mose das „Brot vom Himmel“ erbittet und Israel das Manna erhält (Dial. 2,21; Ex 16,15). Zugleich klingt das Mehlwunder aus dem Elija-Zyklus durch (1 Kön 17,16). Prototyp für die Episode, in der Benedikt Eisenklinge und Schaft eines Beils zusammenfügt, die ins Wasser gefallen sind, ist Elischa (Dial. 2,6; 2 Kön 6,5). Auf Elija wird hingewiesen, wenn ein Rabe Benedikt Brot bringt (Dial. 2,8,3; 1 Kön 17,6). Die Wiederbelebung eines jungen Mönches, der von einer Mauer niedergeschlagen und durch das Eingreifen Benedikts gerettet wird, erinnert an Elischa

42 S. u. S. 59–72.

und den Sohn der Witwe (Dial. 2,11; 2 Kön 3,32–37). Wie Elija den Sohn der Sunnitin vom Tod auferweckt, erweckt Benedikt einen toten Knaben (Dial. 2,32; 2 Kön 4,34–35).

Im Verständnis der Mönchstradition ist jedoch das Wirken in der Nachfolge der Propheten nicht ausschließlich von den Wundern und Prophezeiungen her zu deuten. Leben in der Nachfolge der Propheten meint nicht Mirakel und spektakuläre Zukunftsvisionen, sondern die Nähe zu Gott. Diese erlaubt es vor allem, in den Herzen der Menschen zu lesen, ihre Motivationen und Einstellungen zu erkennen. So ist die Herzenskenntnis ein wesentliches Kriterium für die Heiligkeit eines Menschen. Die spektakulärste Begebenheit ist die Episode mit König Totila, der Benedikt zu erproben sucht (Dial. 2,14–15). Er schickt einen seiner Gefolgsleute in seinen eigenen königlichen Gewändern zu Benedikt, der die Täuschung sofort erkennt und „sieht", was im Herzen des Totila vor sich geht. Prophetisches Vorbild ist Ahia, der die Verkleidung der Frau des Königs Jerobeam sofort durchschaut (1 Kön 14,1–6).

Das Wirken der Apostel

Wie die Propheten bedeuten die Apostel die Bezugsgestalten für die Heiligen. Dabei meint die Kennzeichnung „apostolisch" nicht, missionarisch tätig zu sein, sondern wie die Apostel und der Jüngerkreis in unmittelbarer Nähe des Herrn zu leben und direkten Zugang zu ihm zu haben. Auch ihr Wirken in der Kraft Christi setzt sich im Leben der Heiligen fort. Auf Benedikts Geheiß eilt Maurus über das Wasser des Sees, womit Gregor ausdrücklich auf Petrus anspielt, der auf dem Wasser geht (Dial. 2,7,2; Mt 14,28–29). Die Erweckung eines toten Knaben greift nicht nur auf Elija zurück, sondern Benedikt selber bringt den Bezug zum Wirken der Apostel: „Das ist keine Sache für uns, sondern für heilige Apostel" (Dial. 2,32,2; 2 Kön 4,34–35). Er erinnert damit an die Erweckung der Tabita (Apg 9,36–42). Bereits die Wiederbelebung des jungen Mönchs, der durch den Mauereinsturz erschlagen wird, ist in Parallele gesetzt zum Wirken des Paulus, der einen jungen Mann nach einem Sturz aus dem Fenster wiedererweckt (Dial. 2,11; Apg 20,9–12)

Die biblischen Titel

Benedikt – Der Gerechte

Die biblische Klammer beschränkt sich nicht auf die Gestalten der Propheten und Apostel. Sie wird ebenso deutlich in den Bezeichnungen, die Gregor für Benedikt wählt. Sein Werk will er verstanden wissen als „Lebensgeschichte des Gerechten", als *„vita iusti"* (Dial. 2,2,5). Damit reiht er Benedikt ein in die große Schar der biblischen „Gerechten", Menschen also, die im Auftrag Gottes gehandelt und die Weisung des Herrn in ihrem Leben verwirklicht haben[43]. Gregor wiederholt sein Anliegen, wenn er an einer Schlüsselstelle diese Bezeichnung aufgreift und Benedikt versteht als „vom Geist aller Gerechten – *spiritu omnium iustorum*" erfüllt (Dial. 2,8,8). Er entspricht dem Bilde des Gerechten, der aus dem Glauben lebt und sich im Tun der Liebe ausweist.

Der „Mann Gottes"

Am häufigsten verwendet Gregor jedoch die Bezeichnung „Mann Gottes – *vir Dei*". Auch wenn auf die profanen und christlichen Traditionen der antiken biographischen Literatur hingewiesen werden kann, wo der Titel verwendet wird, geht es Gregor um mehr als um die Übernahme einer bestimmten Terminologie. Gerade hier wird das biblische Fundament bei der Charakterisierung Benedikts deutlich. Für die alttestamentlichen Patriarchen und Propheten ist die Bezeichnung als „Mann Gottes" ein Ehrentitel. Mose (Dt 33,1) trägt ihn, Samuel (1 Sam 9,6) und David (2 Chr 8,14) werden mit

43 Z.B. Gen 18,24; Ps 34,20; Spr 13,5; Jes 53,11; Sir 44,1; Mk 16,17–18; Hebr 11,32–38.

ihm ausgezeichnet. Elija und Elischa werden bevorzugt mit ihm angeredet (1 Kön 17,18; 3 Kön 19,16).

Benedikt – Der von Gott Geliebte

Die Intensität wird gesteigert, wenn Gregor nur an einer Stelle Benedikt eine Bezeichnung gibt, die die Vollendung Benedikts biblisch zusammenfasst. Dies geschieht erst am Schluss der Vita. Nach seinem Tod und Aufstieg in den Himmel wird Benedikt als der „Geliebte des Herrn“, als der, „den der Herr liebt“ – als „*dilectus Domino*“ (Dial. 2,37,3) bezeichnet. Der Wechsel der Titulatur beansprucht besondere Aufmerksamkeit. Die von Gregor die ganze Vita hindurch bevorzugte Bezeichnung Benedikts als „Mann Gottes – *vir Dei*“ oder auch als „heiliger Mann – *vir sanctus*“ wird abgelöst durch den Ausdruck einer intensiven Beziehung. Auch hier ist der biblische Wurzelgrund deutlich. Im Hintergrund steht der alttestamentliche Würdename „Freund Gottes“. Abraham und Mose werden damit bezeichnet und für beide wird damit eine besonders intensive Gottesbeziehung ausgesagt (Num 12,8; 2 Chr 20,7; Sir 45,1). Die Mönchsliteratur weist als „Freund Gottes“ und als „von Gott geliebt“ den vollkommenen Mönch aus. Das gilt namentlich für Antonius und Martin.[44] Als Zusammenfassung des ‚Leben des Mose‘ schreibt Gregor v. Nyssa: „Denn dies ist wahrhaft die Vollendung: es einzig und allein für furchtbar halten, aus der Freundschaft mit Gott herauszufallen, dagegen einzig und allein für kostbar und wertvoll halten, Gottes Freund zu werden; das ist, wenigstens meiner Meinung nach, die Vollendung des Lebens.“

44 Vgl. Athan., Vita Ant. 85,5: denn er ist von Gott geliebt – *quia diligitur a Deo*; Sulp.Sev., Dial. 2,4,6: denn du bist Gottes Freund – *quia amicus Dei es.*

10. Wunder und Zeichen

Erweise eines glaubwürdigen Lebens

Gregor widmet einen beträchtlichen Teil des zweiten Buches der Dialoge dem Wunderwirken Benedikts. Wie eine bunte Abfolge wundersamer Ereignisse präsentiert sich die Lebensbeschreibung für den neuzeitlichen Leser und macht das Werk manchmal schwierig. Wundererzählungen haben eine bestimmte Absicht. Gregor klärt durch sie die Frage: Was für ein Mensch war dieser Abt auf dem Montecassino? Wie hat er gewirkt? Was hat er für die Menschen getan? Gregor wählt „Wunder" als Zeichen des Heilens und als Symbole des Lebens, um diese Fragen zu beantworten. Sie leiten sich ab aus der Heiligen Schrift und unterstützen Menschen, die Hilfe brauchen. Im Wirken der Heiligen kommt die Macht Gottes zur Sprache. So auch geschieht die Befähigung der Jünger durch Jesus. „... und gab ihnen die Vollmacht, die unreinen Geister auszutreiben und alle Krankheiten und Leiden zu heilen. ... Heilt Kranke, weckt Tote auf, macht Aussätzige rein, treibt Dämonen aus! Umsonst habt ihr empfangen, umsonst sollt ihr geben"[45]. Wunder halten nicht nur die Verheißungen Jesu wach, sie bringen diese Verheißungen zur Erfüllung. Die Zeichen, die Benedikt wirkt, dienen nicht seiner Verherrlichung, sondern sind ausschließlich auf die Not von Menschen ausgerichtet, zu deren Heil Gott Benedikt in den Dienst nimmt. Gregor drückt das in klaren Worten aus: „Er wollte sich lieber in harter Arbeit für Gott abmühen, als durch Gunst und Erfolg im Leben berühmt werden" (Dial. 2,1,3).

Um erst gar nicht den Verdacht einer Glorifizierung aufkommen zu lassen, relativiert Gregor die Wunder, die für ihn als Ausweis eines guten, d. h. Gott wohlgefälligen Lebens – *bonae vitae testimonium* gelten, wie er ausdrücklich formuliert. Am Ende des

45 Mt 10,1.8. Vgl. Mk 6:12.13: Die Zwölf machten sich auf den Weg und riefen die Menschen zur Umkehr auf. Sie trieben viele Dämonen aus und salbten viele Kranke mit Öl und heilten sie. – Vgl. Mt 3,14; 6,12; 16,17.18; Lk 10,17.19.

ersten Buches legt Gregor, seinem Gesprächspartner Petrus seine eigene theologische Bilanz in den Mund: „Jetzt erkenne ich deutlich, dass man auf das Leben und nicht auf die Wunder schauen muss“ (Dial. 1,12,6). Nicht sie sind das Entscheidende, sondern das glaubwürdige Leben. Diese theologische Grundkonzeption, die Gregor den Wunderberichten vorausschickt, macht seinen Standpunkt klar. Der eigentliche Wert eines christlichen und heiligmäßigen Lebens bemisst sich nicht nach Wundern, sondern nach dem Dasein für andere.

Dennoch haben Wunder in der altkirchlichen Überlieferung und im Mönchtum einen hohen Stellenwert. Die Wunderberichte wollen nichts über mirakulöse Fähigkeiten eines Menschen oder übernatürliche Kräfte aussagen. Sie sind äußeres Zeugnis des Wirken Gottes durch diesen Menschen zum Heil anderer. Wunder beseitigen einen Unheilszustand, so dass der Begriff „Zeichen“ besser geeignet ist, ihre Bedeutung auszudrücken. Nur deswegen gehören sie auch zum Leben Benedikts und nehmen einen wichtigen Platz ein.

Wunder – Zeichen der Gottverbundenheit

In diesem Wunderwirken wird in besonderer Weise die Persönlichkeit Benedikts sichtbar. Gregor begnügt sich nie mit der bloßen Erzählung eines solchen Ereignisses, sondern verbindet es mit einer Vielzahl von Aspekten, in denen sich das Wesen Benedikts erkennen lässt. Von großer Bedeutung ist in erster Linie seine intensive Gottesbeziehung und -bindung, die bei jedem seiner Wunder deutlich wird. Er wirkt keines seiner Zeichen, ohne nicht vorher im Gebet den Herrn anzurufen. Nicht er ist es, der letztlich eingreift, sondern: „Doch sind wir dazu nicht von uns aus fähig, als ob wir uns selbst etwas zuschreiben könnten; unsere Befähigung stammt vielmehr von Gott. ... so wird deutlich, dass die Stärke der Kraft von Gott und nicht von uns kommt“[46]. So steht er in der Reihe der

46 2 Kor 3,5; 4,7.

Menschen, durch die Gott zu allen Zeiten helfend gewirkt hat. Die Verbindung der Wirksamkeit Benedikts zum Heil der Menschen mit dem ausdrücklichen Hinweis Gregors auf das Gebet, lenkt den Blick vom Spektakulären auf das Handeln Gottes. Biblisch gesehen sind Wunder die Beglaubigung eines mit Gott verbundenen Lebens.

Die Zeichen, die Benedikt wirkt, dokumentieren vor allem seine Menschenfreundlichkeit. Sie zeigt ihn als den verständnisvollen und liebevollen Helfer seiner Mönche und vieler Menschen, die sich an ihn in aussichtslosen oder lebensbedrohlichen Situationen wenden. Er macht keine Vorhaltungen und gibt keine wohlfeilen Ratschläge. Mit Zuwendung und mitfühlendem Eingehen auf die Nöte tröstet er sie, lindert oder hilft, Schwierigkeiten zu lösen.

11. Benedikt – Der Erbauer der Gemeinschaft

Die Wunderberichte Gregors verbinden sich immer mit konkreten Situationen in der Gemeinschaft der Brüder. Im Blick sind der Aufbau der Gemeinschaft, pastorale Anliegen und monastische Formung, ebenso die Anliegen von Menschen, die zum Kloster kommen.

Der Stein in der Mitte

Als die Brüder am Werk sind, das Kloster auf dem Montecassino zu bauen, geht das nicht ohne große Schwierigkeiten. Gregor macht das anschaulich, wenn er von einem Stein spricht, den die Brüder für den Bau verwenden und ins Mauerwerk einfügen wollen (Dial. 2,9). Aber der Stein ist nicht nur zu schwer, sondern unbeweglich. Er hat damit seine eigene Symbolik. Er signalisiert eine Sperrfunktion, die gegen eine weitere Entwicklung der Gemeinschaft steht. Nicht zufällig liegt der Stein „in der Mitte – *in medio*". Er blockiert das Zentrum und macht den Weiterbau unmöglich. Solche Blockaden können vielfältig sein: Verweigerung und Einseitigkeiten, Beharren auf einmal gefassten Ansichten, Unnachgiebigkeit und

Hartnäckigkeit führen zu einem Stillstand im Wachsen einer Gemeinschaft.

Es gelingt nicht, den Stein zu heben und in das Mauerwerk einzufügen. Alles äußere Bemühen hat keinen Erfolg. Dieses Hindernis ‚in der Mitte‘ zeigt, wie zentral die Störung ist und welche Auswirkungen sie auf die Entwicklung der Gemeinschaft hat. Nichts kann mehr weitergehen und alle Versuche eines weiteren Bauens – nicht nur im materiellen Sinn – bleiben fruchtlos. Die Brüder halten sich mit Nebensächlichem auf und meinen, durch vermehrte Anstrengung das Problem zu lösen.

Nur Benedikt erfasst diese zentrale Schwierigkeit. Er allein sieht, dass die Mitte „besetzt“ ist, weil der Alte Feind darauf sitzt. Über allem eifrigen Tun haben die Brüder das eine Notwendige vergessen. Im Psalm wird diese Erfahrung ausgedrückt: „Wenn nicht der Herr das Haus baut, müht sich jeder umsonst, der daran baut“ (Ps 127,1). Im Gebet konzentriert Benedikt sich auf die eigentliche Mitte, die Christus ist. So macht er es möglich, dass die Blockade aufgehoben wird. Das Wunder liegt darin, dass es ihm gelingt, für die Brüder ‚die Mitte‘ wieder frei zu machen und so auch den inneren Aufbau der Gemeinschaft fortsetzen zu können.

Das Scheinfeuer

Immer wieder gibt es Bedrohungen, die das Aufbauwerk verzögern. Ein Feuer, das vom Küchengebäude auszugehen scheint, greift um sich (Dial. 2,10). Die Brüder erleben die zerstörerische Kraft des Feuers, das ihr Werk zu vernichten droht. Aus dem Nichts entsteht in ihren Augen ein Brand, die Flammen, die aber nur in ihrer Einbildung existieren, verzehren die Wirklichkeit. Ihr ganzes Werk sehen sie in Rauch und Feuer aufgehen. Zunehmend erliegt die ganze Gemeinschaft der Illusion der um sich greifenden Flammen. Sie lassen sich allerdings täuschen vom Augenschein und erliegen der Vorspiegelung einer Bedrohung, die alles zu zerstören scheint, was ihnen wichtig ist. Die ganze Gemeinschaft ist so ausschließlich auf das vermeintliche Feuer fixiert, dass niemand fragt, was er eigentlich sieht. Durch die Notwendigkeit, sofort handeln zu müssen, geraten alle in Panik.

Zerstörendes Feuer kann es in vielfältiger Weise geben: Flammen des Neides und der Eifersucht, das Schwelen von Verdächtigungen, Vorurteile und Gerüchte greifen wie ein Flächenbrand um sich. All das erhitzt die Gemüter, blendet die Augen und verhindert die klare Sicht. Ein solches Feuer wirkt sich zerstörerisch aus und kann ein Lebenswerk vernichten.

Damit sind Gefährdungen des gemeinsamen Lebens zu Sprache gebracht, die nur durch die geistliche Persönlichkeit Benedikts und sein Gebet abgewendet werden können. Er allein ist nicht von den Flammen geblendet und nicht befangen vom bloßen Augenschein. Durch seine Sicht aus dem Glauben kann er die Wirklichkeit so wahrnehmen, wie sie ist und die Brüder zu dieser Freiheit einer neuen Sicht durch seine Intervention befähigen. Er redet nicht auf sie ein, sondern „er rief sie zu ihren eigenen Augen zurück“[47] heißt die auffällige Formulierung Gregors, d.h. er bringt sie zu dem, was wirklich zu sehen ist. So können sie ihre Verblendung und Selbsttäuschung loslassen und die Wirklichkeit wahrnehmen.

Der Mangel an Wasser

Bei der Gründung Benedikts von drei Klöstern auf einem Felsen in der Nähe vom Montecassino fehlt den Brüdern das Wasser (Dial. 2,5). Sie erfahren dies als Bedrohung ihrer Existenz und wollen dort in der Felseneinöde nicht länger bleiben. Wasser als eines der vier Elemente ist nicht nur tatsächlich lebensnotwendig, sondern gehört zu den Grundsymbolen in der Deutung menschlichen Lebens. Wasser erst ermöglicht das Leben an einem konkreten Ort und sein Fehlen bedeutet Elend und Tod. Bevor sie jedoch endgültig aufgeben, gehen sie zu Benedikt in der Hoffnung auf Hilfe.

47 Dial. 2,10,2.

In der Stille der Nacht begibt er sich selbst an diesen wasserlosen Ort. Durch sein Gebet und durch persönlichen Einsatz schafft er die Bedingungen, dass das Wasser fließen kann. In seinem Handeln bildet Benedikt die Gestalt des Mose ab, der in der Wüste Wasser aus dem Felsen schlägt (Ex 17,1–7), damit das Volk überleben kann. Benedikt will seine Mönche nicht nur überleben lassen, sondern sie neu leben lassen. Dazu müssen sie allerdings ihren Teil beitragen, da das Wasser nicht einfach sprudelt, sondern sie selber auf Geheiß Benedikts graben müssen. Wasser als biblisches Symbol ist zu verstehen von der Quelle her, die Christus ist: „Wer aber von dem Wasser trinkt, das ich ihm geben werde, wird niemals mehr Durst haben; vielmehr wird das Wasser, das ich ihm gebe, in ihm zur sprudelnden Quelle werden, deren Wasser ewiges Leben schenkt" (Joh 4,14). Erst so wird die Bedeutung des Wunders erkennbar, indem Benedikt für die Mönche mitten in der Ausweglosigkeit ihres Alltags die Frage stellt, aus welcher Quelle sie schöpfen und leben. So macht er Wirklichkeit des Heils für sie erfahrbar.

Das fehlende Brot

Während einer Hungersnot geht der Brotvorrat der Mönche zur Neige (Dial. 2,21,1)[48]. Sie nehmen nur wahr, wie wenig sie haben und kennen nur noch die Sorge um das Brot für den nächsten Tag. Brot ist tatsächlich Lebens-Mittel. Es ist ein tiefgreifendes Symbol für Leben überhaupt. Wo es fehlt, müssen Menschen verhungern. Ausdrücklich findet jedoch der Hinweis im Text, dass fünf Brote vorhanden sind, aber die Mönche können nicht erkennen, wieviel sie in Wirklichkeit haben. Das weist auf ihre Unfähigkeit hin, ihre Situation mit dem Wirken Gottes in Verbindung zu bringen. Denn mit fünf Broten wurde eine ganze Menschenmenge gesättigt (vgl. Mk 6,38). Benedikt erkennt den Kleinmut seiner Brüder und ermutigt sie durch eine Verheißung im Vertrauen auf das Wirken

48 S. o. S. 19f.

Gottes. Er sieht den Mangel, gibt aber zugleich Hoffnung auf die Zukunft: „Morgen habt ihr im Überfluss“ (ebd.). Die Mönche jedoch sind unfähig, in ihrer Hoffnungslosigkeit noch Möglichkeiten wahrzunehmen. Der Blick auf das ‚Morgen' ist ihnen verstellt. Am nächsten Morgen finden die Brüder genügend Mehl vor der Pforte des Klosters. Damit ist zurückverwiesen auf den Propheten Elija, der Menschen vor dem Hungertod bewahrte (1 Kön 17,16). Das Wunder zeigt das Handeln Gottes und ermutigt, dem Evangelium zu glauben und sich um das Morgen keine Sorgen zu machen (vgl. Mt 6,25.34).

12. Der Schützer des monastischen Lebens

Das Handeln Benedikts stellt Gregor immer wieder in den Zusammenhang mit der Erziehung zum monastischen Leben. Es sind Wunder, die die Menschen verändern und ihnen helfen, zu ihrem eigentlichen Ziel zurückzufinden und ihre Lebenswidmung wieder glaubwürdig zu verwirklichen. Sie bringen Grundhaltungen monastischer Existenz zur Sprache und dienen so einer ganzheitlichen Pädagogik. Benedikt wird zum geistlichen Helfer für seine Mönche, indem er ihnen ermöglicht, ihr ursprüngliches Ideal zu leben.

Die Hilfe zum Gebet

Die Prägung des monastischen Lebens durch das Gebet ist selbstverständliche Voraussetzung, wie die Benediktusregel festhält: „Also nichts darf dem Stundengebet vorgezogen werden“ (RB 43,3). Wenn diese Zuordnung gefährdet oder gestört ist, braucht es oft „ein Wunder“, um den ursprünglichen Zusammenhang wieder zu verwirklichen. Als ein Mönch unfähig ist, sich dem Stundengebet zu widmen, wird Benedikt um Hilfe angegangen (Dial. 2,4).

Es zieht diesen Mönch immer wieder aus der Kirche und vom gemeinsamen Gebet weg, und er treibt sich draußen herum. Nur Benedikt erkennt, dass der Mönch von einem kleinen schwarzen

Knaben[49] herausgezogen wird. Diese Gestalt ist eine Metapher, um das Wirken der eigenen zerstreuenden Gedanken, die Unlust am geistlichen Leben, an der Schriftlesung und die Blindheit des eigenen Herzens auszudrücken. Es gelingt der Herzensschau und dem Gebet Benedikts, dass der Mönch das Getriebensein durch die eigene innere Unruhe und Unrast erkennen und zurückfinden kann.

Die Hilfe zum Bleiben

Das Bleiben im Kloster ist in der mönchischen Überzeugung identisch mit dem Bleiben in der Lebensform des Mönchtums und damit der Treue zur Berufung. In der monastischen Tradition ist daher das Bleiben in einem bestimmten Kloster und in einer konkreten Gemeinschaft auf Lebenszeit selbstverständlich. Die Benediktusregel verdeutlicht dies mit dem Schlüsselwort der *stabilitas*[50]. Es gibt aber Gefährdungen im Leben des einzelnen, die diese Treue in Frage stellen. So berichtet Gregor von einem Mönch, der schon lange und immer wieder das Kloster verlassen möchte (Dial. 2,25). Als Benedikt sieht, dass nichts ihn davon abbringen kann, lässt er ihn mit deutlichem Missfallen ziehen.

Dieser Austritt ist aber dennoch begleitet vom Wirken des heiligen Abtes. Als der Mönch das Kloster verlässt und damit seine ursprüngliche Lebensform, ahnt nicht, dass hinter seinem scheinbar freiwillig gefassten Entschluss der Versucher steht. Er sieht, wie ihm ein Drache mit aufgesperrtem Maul den Weg versperrt und gerät in Panik. Der Drache ist ein altes, schon biblisches Symbol für Bedrohung und Untergang[51]. In der Konfrontation mit der Gestalt dieses Drachen mit weit aufgerissenem, alles verschlingendem Maul erkennt er, dass die Gefahr, die seine ganze bisherige Existenz verschlingen will, aus seinem eigenen inneren Wollen stammt. Der

49 S. o. S. 51.
50 RB 58,17.
51 S. o. S.

Drache zeigt dem Mönch, was in seinem eigenen Inneren sich ereignet. Er selber ist es ja, der das Kloster verlassen möchte, seine innere Unruhe und mangelnde Entschiedenheit lassen ihn nicht mehr in der Klostergemeinschaft ausharren. Erst Benedikt macht es dem Mönch möglich, zu erkennen, dass die Gefahren nicht von außen kommen, sondern in ihm lauern und ihn zu überwältigen drohen. So findet er zurück zu Beständigkeit und Treue.

Die Hilfe zur Demut

Monastische Grundhaltungen leiten sich aus der Weisung des Neuen Testamentes abEine der wichtigen ist die Demut, wie Jesus in seinem Selbstzeugnis sagt: „Lernt von mir; denn ich bin gütig und von Herzen demütig" (Mt 11,29). Demut ist die klare und ehrliche Sicht auf die eigene Wirklichkeit. Die Erziehung zu dieser Selbstwahrnehmung und Selbsterkenntnis ist eines der entscheidenden Ziele. Gregor bringt dies mit den sozialen Bedingtheiten seiner Zeit zur Sprache. Ein junger Mönch im Kloster Benedikts stammt aus einer gesellschaftlich hochstehenden Familie (Dial. 2,20,1–2). Sein Dienst besteht darin, beim abendlichen Mahl die Lampe am Tisch Benedikts zu halten. Aufgrund seiner Herkunft dünkt er sich zu gut für diesen Dienst und höherstehend als der Abt. Er verweigert sich innerlich, auch wenn er äußerlich mit dem Leuchter dasteht.

Durch die Gabe der Herzensschau erkennt der Mönchsvater die Überheblichkeit und Arroganz als mangelnde Demut und macht dem Bruder klar, was in ihm vorgeht. Er lässt ihn den Leuchter absetzen und fordert ihn auf, sein Herz mit dem Kreuz zu bezeichnen, dem Symbol der Nachfolge. Er weist ihn indirekt zurück auf das Herrenwort: „Denn wer sich selbst erhöht, wird erniedrigt, wer sich aber selbst erniedrigt, wird erhöht werden" (Lk 18,14) und erinnert ihn an das Beispiel des Herrn: „Ich habe euch ein Beispiel gegeben, damit auch ihr so handelt, wie ich an euch gehandelt habe" (Joh 13,15). Er tut noch ein weiteres, indem er ihn sich ruhig hinsetzen heißt. In diesem ruhigen Sitzen kommt auch das Herz des Bruders zur Ruhe, wächst die Einsicht in den Stolz und in den Hochmut, die der Bruder dann erkennen und aufgeben kann.

Die Hilfe zur Barmherzigkeit

Mit dem Gleichnis vom Endgericht Mt 25,31–46 stellt die neutestamentliche Verkündigung die Priorität der Barmherzigkeit gegenüber allen Notleidenden heraus. Damit erhält das Teilen mit den Hungernden und Dürstenden einen hohen Stellenwert. Diese Haltung erwartet Benedikt von seinen Mönchen. Als der Ökonom des Klosters während einer Hungernot[52], die auch die Brüder betrifft, gute Gründe hat, das von einem Bittsteller erwartete Öl nicht herzugeben und zögert, den letzten Rest zu verschenken, sieht Benedikt ihn an einem entscheidenden Punkt gefährdet. Er selber gibt die Ölflasche weg (Dial. 2,28–29). Es geht darum, sich vertrauensvoll der Fürsorge Gottes anzuvertrauen. Er ermutigt seine Mönche, sich am Wort der Bergpredigt zu orientieren: „Deswegen sage ich euch: Sorgt euch nicht um euer Leben und darum, dass ihr etwas zu essen habt, noch um euren Leib und darum, dass ihr etwas anzuziehen habt. Ist nicht das Leben wichtiger als die Nahrung und der Leib wichtiger als die Kleidung?“ (Mt 6,25).

Es geht nicht darum, den Brüdern nichts zu lassen, sondern um einen Lernprozess. Er selber betet um das Eingreifen Gottes. Der Ökonom und mit ihm alle anderen sollen das Teilen lernen und die Hoffnung auf das Wirken Gottes einüben. Dann wird sich bewahrheiten, was Gregor aussagen will mit dem Ölgefäß, das nicht zerbricht, als Benedikt es auf den Felsen schleudert, und mit dem überfließenden Ölfass, das die Brüder vorfinden[53]: Notwendig ist überfließende Barmherzigkeit. Das Öl symbolisiert in der Alten Kirche die Barmherzigkeit als eine bzw. die Grundhaltung des Christen. Diese findet in der Barmherzigkeit gegenüber den Notlei-

52 S. o. S. 19.
53 1 Kön 17,12.14.16.

denden ihren tiefen Ausdruck. Das Wunder ist gleichsam nur das Gewand, in das der eigentliche Appell gehüllt ist.

13. Der Helfer in Not[54]

Das zerbrochene Sieb

Wenn Menschen an eine Grenze kommen und nicht mehr weiterwissen, kann Benedikt ihnen beistehen und ihre Situation zum Guten wenden. Seine Amme, die ihn zu Beginn seines asketischen Lebens als letzte Verbindung und Bezugsperson zu seiner Herkunft noch begleitet, zerbricht aus Unachtsamkeit ein Sieb, ein *capisterium* aus Ton oder Holz in Form einer Muschelschale, das zum Reinigen des Getreides für das täglich zu backende Brot dient (Dial. 2,1,1–2). Sie ist tief bestürzt, da sie es entliehen hat und nun nicht zurückgeben kann. Deswegen weint sie bitterlich. Benedikt teilt ihren Kummer, bagatellisiert ihn nicht, sondern tut das Seinige. Da er sich stets angewiesen weiß auf den helfenden Gott, betet er. Dieses Gebet zeigt Wirkkraft und fügt das zerbrochene Sieb wieder zusammen. Das ist auch im übertragenen Sinn zu verstehen: Was für die Amme eigentlich zerbricht, ist ja ihre bisherige Lebensaufgabe mit der Sorge für Benedikt. Schon zu Beginn seines Wirkens zeigt er sich als ein Mensch, der Zerbrochenes wieder zusammenfügen und Zerstörtes heilen kann. Das wird sich im Laufe seines Lebens immer wieder bewahrheiten.

Das zersprungene Beil

Ein Gote, den Benedikt in sein Kloster aufgenommen hat, soll am Ufer des Sees das Gestrüpp roden (Dial. 2,6,1–2). Er bekommt für diese Arbeit eine Art Sichel. Da er mit aller Kraft zuschlägt, springt die Klinge vom Holzstiel ab und fällt in das Wasser. Der Gote ist

54 Vgl. auch S. 76f.: Der Tröster.

völlig verzweifelt und in großer Angst. Für ihn steht sein weiteres Schicksal, sein Verbleiben im Kloster auf dem Spiel, aber auch sein guter Ruf, dass er nun als unachtsamer Arbeiter gilt und fortgeschickt wird. Doch Benedikt reagiert ganz anders als erwartet. Er hält sich nicht fern, sondern begibt sich an den Ort des Unglücks. Gregor lässt ihn sodann im Rückgriff auf das Wirken des Propheten Elischa die Klinge aus dem Wasser wieder emporholen (2 Kön 6,5–7). Benedikt schilt den Goten nicht, gibt keine guten Ratschläge oder Ermahnungen, sondern redet ihm freundlich zu und lässt ihn weiterarbeiten wie bisher. Für den Goten ereignet sich wirklich ein Wunder: sein Werkzeug ist wiederhergestellt, mehr noch er erfährt Ermutigung und Zuspruch. Alle seine Befürchtungen haben sich nicht erfüllt.

Lösung aus Verschuldung

Die Umstände der Zeit werden deutlich in der sozialen Hilfe, die Benedikt Menschen zukommen lässt. In der wirtschaftlich katastrophalen Lage dieser Jahrzehnte ist die Verschuldung eines der großen Probleme. Ein Mann, der in Schulden geraten ist, wird von seinem Gläubiger bedrängt. In seiner Ausweglosigkeit vertraut er sich Benedikt an und erbittet von ihm einen hohen Betrag (Dial. 2,27,1–2). Natürlich hat auch Benedikt die nötigen zwölf Goldmünze nicht zur Hand. Seine Hilfe besteht zunächst darin, dass er die Notlage des Mannes erfasst, nicht nachfragt, ihn wegen der angehäuften Schulden nicht tadelt, sondern ihm eine Perspektive und Hoffnung gibt: „Komm wieder!“

Als der Schuldner am dritten Tag wiederkommt, liegen die Goldstücke bereit. Die Zahl drei weist als Symbolzahl Gottes darauf hin, dass nicht Benedikt der eigentlich Handelnde ist, sondern – wie auch immer – der Herr durch ihn wirkt. Aber nicht nur der geschuldete Betrag wird dem Mann von Benedikt übergeben, sondern ein Goldstück zusätzlich, damit er es „für seine eigenen Ausgaben verwenden“ kann. Hätte er nur den geschuldeten Betrag bekommen, bliebe ihm nichts zum Lebensunterhalt und er müsste erneut Schulden machen. Dieses „mehr“ ist auch eines der Prinzipien der Benediktusregel, wenn nicht nur das unbedingt Notwendige gereicht wird, sondern immer etwa darüber hinaus oder reichlich und gut bemessen.

Befreiung aus Gewalt

Die barbarische Gotenherrschaft unter Totila (541–552) wird in einem besonders drastischen Beispiel deutlich. Die Goten galten bei der römischen Bevölkerung als grausam und verbrecherisch, so dass die Geschichte ganz in das Zeitkolorit passt. Ein brutaler Gote namens Zalla (Dial. 2,31,1–3) bringt auf der Jagd nach Beute einen Bauern unter Foltern und Grausamkeiten in seine Gewalt und treibt ihn gefesselt vor sich her. Der Bauer erwähnt Benedikt, woraufhin der Gote ihn zum Kloster treibt, um von Benedikt die vermeintlichen Besitztümer des Bauern einzufordern.

Der Abt sitzt vor dem Tor und ist mit geistlicher Lesung beschäftigt. Damit wird wiederum die Beziehung zwischen ihm den Gott in den Mittelpunkt gestellt. Bei dem lauten Gebrüll des Zalla sieht er auf, ohne sich davon beeindrucken zu lassen. Er hat nur Augen für den gepeinigten Bauern. Benedikt sieht die Fesseln des Mannes und sofort fallen sie ab. Das Wort des Propheten Jesaja wird deutlich: „Löse die Fesseln des Unrechts, entferne die Stricke des Jochs, lasse die Versklavten frei, zerbrich jedes Joch“ (Jes 58,6). Benedikt ist der Mensch, der die prophetische Weisung verwirklichen kann, weil er in der intensiven Verbindung mit Gott lebt.

14. Der Retter des Lebens

Rettung aus der Flut

Das Bild Benedikts als Retter des Lebens gehört für Gregor zu den markanten Seiten dieser Persönlichkeit. Einer seiner jungen Mönche, der kleine Placidus (Dial. 2,7), fällt beim Wasserschöpfen in den See und wird von den Wellen so sehr bedroht und abgetrieben, dass er unterzugehen scheint. Eine Woge erfasst ihn und reißt ihn vom Ufer weg. Die Gefährdung wird in einer starken Metapher geschildert. Die Lebensgefahr durch das Wasser kann Bild für viele Situationen des Untergangs sein. Der Mönch verliert den festen Boden, das Ufer unter den Füßen, er verliert den Halt und stürzt ins Wasser. Die Psalmen bringen diese Erfahrungen zur Sprache, wenn der Beter ausspricht: „Flut ruft der Flut zu beim Tosen deiner Wasser, all deine Wellen und Wogen gehen über mich hin“ (Ps 42,8), und zu Gott ruft: „Hilf mir, o Gott! Schon reicht mir das Wasser bis an die Kehle. Ich bin in tiefem Schlamm versunken und habe keinen Halt mehr; ich geriet in tiefes Wasser, die Strömung reißt mich fort“ (Ps 69,2–3). Darin sind alle Gefahren eingeschlossen, die das Leben, vor allem das geistliche Leben des Menschen bedrohen und vernichten können.

Placidus kann sich nicht aus eigener Kraft retten und muss ohne Hilfe kläglich untergehen. Benedikt erkennt auch aus der Ferne diese lebensbedrohliche Situation. Er wartet nicht auf den Hilfeschrei des Ertrinkenden, sondern lässt ihm sofort durch den Gefährten Maurus Hilfe zukommen, während er selber im Gebet verharrt. Dieser zieht gleichsam als geistliche Begleitung seinen Mitbruder auf Geheiß Benedikts aus den Fluten und rettet ihm in Stellvertretung seines Abtes das Leben. Gerade auch am Anfang des geistlichen Lebens sind die Situationen der Gefährdung und die Gefahr, den Boden unter den Füßen zu verlieren, aus Mangel an Vorsicht und Erfahrung mit den eigenen Grenzen nicht zu unterschätzen. Auch wenn das Gebet des Abtes die wirksame Hilfe bringt, bleibt der Einsatz des Maurus als brüderlicher Helfer ebenso wichtig.

Rettung aus Trümmern

Ein anderer junger Mönch arbeitet zusammen mit den Brüdern am Bau des Klosters. Dabei wird er beim Einsturz einer Mauer zerschmettert (Dial. 2,11). Der Text lässt offen, ob der Mönch durch den Einsturz zu Tode kommt oder so schwer verletzt ist, dass keine Hoffnung mehr besteht. In jedem Fall geht es um sein Leben. Das Bild, das Gregor erstehen lässt, ist das einer erdrückenden und niederschmetternden Erfahrung, die alle Hoffnungen unter sich begräbt, Erfahrungen, die sich vielfältig im Leben abspielen können. Die Brüder, die Zeugen des Unglücks werden, gehen sehr fürsorglich mit dem Verunglückten um. Mit großer Behutsamkeit und Vorsicht tragen sie ihn in einem Mantel zu Benedikt.

Dieser lässt den jungen Mönch in seine eigene Zelle bringen, was aber nicht nur räumlich verstanden werden darf. Indem er ihn dort auf seine Gebetsmatte legen lässt, nimmt er ihn in den Innenraum seines geistlichen Lebens und seiner Gottesbeziehung auf. Er weiß, dass er nicht in eigener Vollmacht Heilung schenken und Leben retten kann. Er betet inständig und sein Gebet bewirkt die Wende. Gregor vermerkt lapidar: „Da geschah das Wunder" (Dial. 2,11,2). Der zerschmetterte Mönch wird gerettet durch das intensive Gebet Benedikts und unspektakulär schickt dieser ihn wieder an seine Arbeit, als ob nichts gewesen wäre.

15. Ein Leben im Geist Jesu Christi

Heiligkeit ist in der Alten Kirche durchaus denkbar ohne Wunderwirken, aber nicht ohne ein Leben nach den Weisungen der Heiligen Schrift. Das gilt auch für das Lebenszeugnis Benedikts. Für Gregor verkörpert Benedikt den Menschen, der nach dem Evangelium lebt, sich ausrichtet an den Weisungen der Bergpredigt und das Grundgebot der Liebe in vorbildlicher Weise erfüllt. Gerade hier bewahrheitet sich, was Gregor ausdrücklich betont hat: „Jetzt erkenne ich deutlich, dass man auf das Leben und nicht auf die Wunder schauen muss" (Dial. 1,12,6).

Das neue Gebot

Die Weisung Jesu findet ihren Höhepunkt in der Forderung der Bergpredigt zur Feindesliebe, wie sie bei Matthäus formuliert ist: „Ich aber sage euch: Liebt eure Feinde und betet für die, die euch verfolgen“, (Mt 5,44), und bei Lukas in dem Wort überliefert ist: „Euch, die ihr mir zuhört, sage ich: Liebt eure Feinde; tut denen Gutes, die euch hassen“ (Lk 6,27). Die Kennzeichnung eines heiligmäßigen Lebens muss daher geprägt sein von der Verwirklichung des neuen Gebotes Jesu.

In einer entscheidenden Erzählung macht Gregor diese Grundhaltung im Leben Benedikts sichtbar. Die Brüder eines benachbarten Klosters, das traditionell als Vicovaro bekannt ist, (Dial. 2,3,2–4)[55] bitten Benedikt, ihr Abt zu werden. Nach längerem Zögern willigt er wider besseres Wissen ein. Der Grund für seine Unentschlossenheit ist der mangelnde monastische Konsens zwischen ihm und der Gemeinschaft, was er deutlich ausspricht. Dennoch bleiben sie bei ihrer Bitte und Benedikt kommt ihr wider besseren Wissen nach.

Der Konflikt lässt jedoch nicht auf sich warten. Die Mönche führen ein schlechtes klösterliches Leben und sie haben überhaupt nicht vor, ihren Lebensstil zu verändern. Benedikt duldet auf keinen Fall aber es gelingt ihm offensichtlich nicht, sie zu überzeugen. Als er mit großer Strenge und Kompromisslosigkeit die mönchischen Ideale durchsetzen will, geraten sie so sehr in Wut, dass sie den Plan fassen, ihren Abt umzubringen. Bei Tisch reichen sie ihm einen Becher mit vergifteten Wein.

Als Benedikt beim Gebet den Anschlag auf sein Leben bemerkt, wird in ihm jene Haltung sichtbar, wie sie der Forderung Jesu entspricht. Anstatt in Zorn zu geraten oder Aggressionen zu entwickeln, tritt er den Mönchen entgegen „mit friedfertigem Blick und gelassenem Sinn“ (Dial. 2,3,4). Damit macht Gregor keine Aussage über die stoische Gelassenheit und Unangreifbarkeit eines Helden,

55 S. o. S. 19.

sondern es ist der Ausdruck der Feindesliebe. Frei von Groll und Hass, kann er allen ruhig begegnen. Er tritt im Geist des Evangeliums fürbittend für die Gemeinschaft ein: „Der allmächtige Gott erbarme sich euer, Brüder“ (Dial. 2,3,4). Er ruft damit das Erbarmen Gottes auf die herab, die ihn umbringen wollten. Zwar trennt Benedikt sich von der Gemeinschaft, aber nicht aus Resignation, sondern aus Einsicht in die Unmöglichkeit einer Bekehrung der Brüder, aber auch in seine eigenen Grenzen.

„Leistet dem Bösen keinen Widerstand"

Eine weitere Forderung der Bergpredigt verwirklicht Benedikt bei einem anderen Angriff auf sein Leben. Der Neid des Priesters Florentius (Dial. 2,8,1–7) auf die pastoralen Erfolge Benedikts und auf seine untadelige Lebensführung wirkt sich aus in einem Mordversuch. Die Mönche von Vicovaro versuchten es mit Wein, der Priester schickt ihm vergiftetes Brot. Benedikt erkennt den Anschlag, bleibt aber ruhig. In aller Stille heißt er einen Raben das Brot fortzutragen[56]. Aber Florentius geht noch einen Schritt weiter und versucht die jungen Mönche in Benedikts Kloster durch Sinnlichkeit zu reizen. Das kann Benedikt nicht hinnehmen, aber auch jetzt reagiert er nicht mit Wut und Vergeltung. Er richtet sich aus an der Weisung des Evangeliums: „Ich aber sage euch: Leistet dem, der euch etwas Böses antut, keinen Widerstand“ (Mt 5,39) und er „beugte sich vor dem Hass in Demut“, wie Gregor es ausdrückt (Dial. 2,8,6).

Aber Benedikt belässt die Situation nicht einfach, wie sie ist, sondern sucht von sich aus eine deeskalierende Lösung. Benedikt will dem Priester keinen Anlass mehr zum Neid zu geben und trennt sich von Subiaco. „Er ordnete alles in den Klöstern, die er gegründet hatte, setzte Obere ein und wies ihnen Brüder zu. Nur wenige Mönche nahm er mit und zog an einen anderen Ort“

56 Vgl. Elija: 1 Kön 17,4–6.

(Dial. 2,8,5). Benedikt gibt damit ein Zeugnis seiner geistlichen und menschlichen Reife. Er durchbricht den Kreislauf der Wiedervergeltung und Rache. Er verlässt alles, was er aufgebaut hat, um „wegzuziehen in ein Land, das er zum Erbe erhalten sollte. Und er zog fort, ohne zu wissen, wohin er kommen würde“ (Hebr 11,8). Nach dem Beispiel Abrahams hatte Benedikt schon einmal mit dem „Haus und den Gütern seines Vaters“ alles verlassen (Dial. 2, Prol. 1).

Als ihm der unmittelbar darauffolgende Tod seines Verfolgers berichtet wird, reagiert er mit Trauer und Schmerz, während seine Schüler frohlocken und auf Rückkehr drängen. Gregor weist in diesem Zusammenhang auf David als Vorbild hin, zu dem ein treuer Diener nach den Ereignissen um Absalom sagt: „Du liebst jene, die dich hassen“[57].

Benedikt – der Tröster[58]

Wenn Benedikt mit Nöten und Leid zu tun hat und von ihm Hilfe erwartet wird, charakterisiert Gregor ihn zwar auch als Handelnden, wichtiger aber als einen Menschen, der tröstet. Das Trösten gehört zu den bedeutendsten geistlichen Diensten, die untereinander getan werden können. Wer tröstet, verwirklicht etwas vom Wesen Gottes, der an zahlreichen Stellen des Alten und Neuen Testamentes den Namen ‚Tröster‘ trägt. Es ist ein Charisma, das auf Röm 12,8 zurückgeht: „Wer zum Trösten und Ermahnen berufen ist, der tröste und ermahne“.

In dieser Charakterisierung Benedikts als Tröster wird das Wesen der Heiligkeit sichtbar. Heilige sind Menschen, die nicht urteilen und verurteilen, die vielmehr helfen und heilen, soweit es möglich ist. Die durchgehende Kennzeichnung Benedikts als eines Menschen, von dem bei aller Klarheit seiner Lebensführung

57 2 Sam 19,7; vgl. Dial. 2,8,8.
58 Vgl. auch S. 59–72: Wunder und Zeichen.

Zuversicht und Ruhe ausgehen, darf vielleicht als eines der wenigen Merkmale genommen werden, die die authentische Gestalt des Abtes vom Montecassino, wie seine Mönche sie erfahren und beschrieben haben, aufleuchten lässt.

Ein unscheinbarer Satz zieht sich durch das zweite Buch der Dialoge, mit dem Benedikt treffend gekennzeichnet wird: „Doch tröstete er ihn/sie mit freundlichen Worten." Die Formulierung hat große Ähnlichkeit mit dem, wie der ägyptische Josef bei der Eröffnung vor seinen Brüdern spricht: „'Nun also fürchtet euch nicht!' ... So tröstete er sie und redete ihnen freundlich zu" (Gen 50,21). Schon als junger Mensch wird Benedikt diese Haltung zugesprochen. Seiner Amme hilft er, als sie ein Mehlsieb zerbricht[59], vor allem durch sein Mitgefühl mit ihrem Kummer. Gregor fügt noch hinzu: „Denn er war fromm und liebevoll." Er macht ihr keine Vorwürfe wegen ihrer Unvorsichtigkeit, sondern: „Sogleich tröstete er die Amme mit freundlichen Worten" (Dial. 2,1,2).

In seinem Wirken als Abt bleibt Benedikt der tröstende Helfer. Die Brüder, die wegen des Wassermangels ihr Kloster verlassen wollen (Dial. 2,5,1–3)[60], mahnt er nicht und fordert sie nicht zum Durchhalten auf. Er hört zu, was die Brüder vorbringen. Er vermittelt ihnen, dass er ihr Anliegen versteht und es für berechtigt hält. Er sieht die Lage mit ihren Augen. Diese Grundhaltung des Verstehens macht Gregor deutlich, wenn er sagt: „Benedikt tröstete sie liebevoll". Benedikt verurteilt die Brüder nicht, die zu ihm kommen und legt ihnen keine Lasten auf. Er sieht ihre Situation, wie sie ist, und gibt ihnen durch seine Zuwendung und durch sein Verständnis neue Hoffnung. Indem er selbst an der Veränderung mitwirkt, ermöglicht er ihnen eine neue Chance.

Eine besonders heikle Situation wird durch die verständnisvolle und ruhige Zuwendung Benedikts entschärft. Als ein Gote sein Werkzeug zerbricht (Dial. 2,6,1)[61], überfällt ihn Angst aus Sorge

59 S. o. S. 69.
60 S. o. S 63f.
61 S. o. S. 69f.

vor drohender Strafe und Entlassung aus dem Kloster. Doch Benedikt reagiert ganz anders als erwartet. Er gibt nicht nur ohne Vorwürfe das Werkzeug unversehrt zurück, wichtiger ist, dass er den Mann ermutigt, wenn er sagt: „Geh wieder an deine Arbeit und sei nicht traurig!“ (Dial. 2,6,2). Dieses Vertrauen ist für den Goten das eigentliche Wunder.

Wenn Benedikt tröstet, meint das nicht vertrösten und kein Bagatellisieren. Sein Trösten ist verbunden mit einer Perspektive und gibt Hoffnung auf Überwindung der Schwierigkeiten. Als seine Mönche sich dem Hungertod nahe glauben, tröstet er sie durch eine Verheißung: „Warum seid ihr traurig, weil ihr kein Brot habt? Heute gibt es zwar nur wenig, morgen jedoch werdet ihr im Überfluss haben“ (Dial. 2,21,1)[62].

Auch der Schuldner, der zu ihm kommt, erfährt die tröstende Atmosphäre, die Benedikt umgibt. Dieser dringt nicht in ihn, wie es zu dieser Verschuldung kommen konnte, er tadelt ihn nicht wegen der angehäuften Schulden, gibt keine guten Ratschläge. Vielmehr „tröstete er ihn in seiner Notlage mit freundlichen Worten“ (Dial. 2,27,1)[63]. Auch hier meint es kein Vertrösten, sondern Einsicht in die prekäre Zwangslage und die Aussichtslosigkeit. Zudem kann Benedikt mit der notwendigen Summe helfen.

Der Geist des ‚Einen‘

In diesen Ereignissen wird die Charakterisierung erkennbar, die Gregor gleichsam als Zusammenfassung der Gestalt Benedikts ausspricht. Der Diakon Petrus hält die Einschätzung Benedikts mit dem bekannten Wort fest: „Dieser Mann war erfüllt vom Geist aller Gerechten“ (Dial. 2,8,8). Damit ist jedoch zu wenig gesagt. Gregor macht klar, dass es um sehr viel mehr geht, als um die Orientierung am Beispiel der alt- und neutestamentlichen Heiligen. Es

62 S. o. S. 64f.
63 S. o. S. 70f.

geht um die Beziehung zu Christus selber. Benedikt ist ein wahrhafter Jünger seines Meisters auf dem Weg der Nachfolge. Gregor selber spricht es aus: „Der Mann Gottes Benedikt besaß den Geist des Einen, den Geist dessen, der die Gnade der Erlösung schenkt und die Herzen aller Berufenen erfüllt" (Dial. 2,8,9). Das bedeutet nichts anderes, als dass Benedikt vollkommen aus der Gesinnung Jesu Christi lebt. Aus dieser Gesinnung heraus, gestaltet er sein Leben. Was mit dem Geist des ‚Einen' gemeint ist, wird vor allem bei Paulus deutlich: „Die Frucht des Geistes aber ist Liebe, Freude, Friede, Langmut, Freundlichkeit, Güte, Treue, Sanftmut und Selbstbeherrschung" (Gal 5,22f).

16. Der betende Abt

Viele Züge in der Lebensbeschreibung Benedikts übernimmt Gregor aus dem ‚Kanon' der Heiligendarstellung in der Alten Kirche. Sein Bild ist dennoch geprägt von der persönlichen Formung, die Gregor ihm gibt und wohl von den Erzählungen seiner Mönche. Sicher gilt dem Wundertäter Benedikt ein besonderes Augenmerk, um ihn als Helfer der Menschen in vielfältigen Nöten zu schildern. Gregors offenkundiges Anliegen ist jedoch die Charakterisierung Benedikts als Beter. Dieses Motiv der Verbundenheit mit Gott und der Beziehung zu ihm durchzieht die ganze Vita. Das Gebet begleitet jedes Wunder, das Benedikt wirkt, wodurch deutlich wird, von wem die Macht zu diesem Wirken kommt[64].

Das ‚Wohnen in sich selbst'

Diese Dimension tritt an markanten Punkten der geistlichen Entwicklung Benedikts hervor. Nach seinem Scheitern als Abt in Vicovaro zieht er sich wieder nach Subiaco zurück (Dial. 2,3,5–9). Mit dieser Zeit der Einkehr und Sammlung verbindet Gregor die

64 S. o. S. 60f.

bekannte Formulierung vom ‚Wohnen in sich selbst': „Dann kehrte er an die Stätte seiner geliebten Einsamkeit zurück. Allein, unter den Augen Gottes, der aus der Höhe herniederschaut, wohnte er in sich selbst – *habitavit secum*“ (Dial. 2,3,5). Die Rückkehr in sich selbst, der augustinische *reditus in se ipsum,* ist für Gregor erste Voraussetzung des Gebetes. Diese geistliche Stufe ist die völlige Konzentration in der Gegenwart Gottes, eine erste Stufe mystischer Erfahrung und der Übergang aus der Zerstreutheit der Vielfalt in die Einheit Gottes.

Die kontemplative Zielsetzung wird deutlich, wenn Gregor auf die Anfrage des Petrus hin diese Wendung auslegt. Die Überforderung der äußeren und inneren Kräfte führt den Menschen dazu, die innere Ruhe zu verlieren und sich von der inneren Schau abzuwenden und ‚außer sich‘ zu geraten. Er verliert sich selbst, was Gregor aus eigener Erfahrung kennt[65]. Indem der Mensch durch die Rückkehr zu sich ‚in sich selbst wohnt', dem sprichwörtlichen *habitare secum,* ist er nicht mehr unter sich hinabgesunken, d.h. nicht mehr in der Gottvergessenheit. Er lebt ganz in der Gegenwart Gottes: „immer unter den Augen des Schöpfers“ (Dial. 2,3,7).

Schon hier verwendet Gregor bereits das Vokabular der mystischen Einigung und gibt einen wichtigen Hinweis auf die Gottesbeziehung Benedikts. Er spricht vom „Gipfel der inneren Schau“ und fährt fort: „Der heilige Benedikt wohnte also in sich selbst, soweit er über seine Gedanken wachte. Jedes Mal aber, wenn die Glut der Kontemplation ihn in die Höhe fortriss, ließ er sich ohne Zweifel unter sich zurück“ (Dial. 2,3,9).

Die Lichtvision

Die Priorität des Gebets gilt besonders für Benedikt auf der Höhe seines Lebens. Diese Höhe wird symbolisiert durch den Turm und

65 S. o. S. 28f.

durch das obere Stockwerk in diesem Turm[66], einem geschlossenen Raum, der als Obergemach auch biblisch[67] als Bereich intensiven Gebetes ausgewiesen ist: „Während die Brüder noch schliefen, stand der Mann Gottes Benedikt schon vor der Zeit des nächtlichen Gebetes auf und hielt Nachtwache. Er stand am Fenster und flehte zum allmächtigen Gott" (Dial. 2,35,2). Gregor stellt den Abt von Montecassino vor als einen Menschen, der eingebunden ist in das gemeinschaftliche Gebet seiner Mönche. Dies wird deutlich durch die Erwähnung des nächtlichen Gebets, der Vigilien, die am ganz frühen Morgen als erste Gebetszeit gefeiert werden. Aber noch bevor die Brüder sich versammeln, hat Benedikt sich schon erhoben, um zu beten. Er ist der „erste" Beter seiner Gemeinschaft. Es kennzeichnet seine absolute Ausrichtung auf den Herrn, wenn er bereits zu einem Zeitpunkt betet und wacht, wenn alle noch schlafen. Dieses betende Wachen in der allerersten Morgenfrühe ist ausgerichtet auf die Wiederkunft des Herrn, die sich im Verständnis der Alten Kirche am ganz frühen Morgen ereignen wird (vgl. Lk 12,38). Hier wird nicht nur die Lebenswidmung Benedikts deutlich, sondern auch der spirituelle Leitfaden im Mönchtum überhaupt: der wiederkommende Herr prägt das gesamte Leben.

Ein wichtiges geistliches Motiv zu Beginn der Visionsszene ist das Stehen am Fenster – *stans ad fenestram*. Diese Haltung ist in der Alten Kirche die Gebetshaltung schlechthin mit der Gestalt der Orante und Symbol für die Hinwendung des Menschen zu Gott und die Intensität des Gebets. Was Gregor grundsätzlich sagt, gilt in besonderer Weise von Benedikt: „Dazu war der Mensch geschaffen worden, dass er sich stehenden Geistes – *stante mente* zur Höhe der Kontemplation erhebe"[68].

Symbol für dieses Ausgerichtetsein auf den kommenden Herrn ist das Fenster, an dem Benedikt steht. Es lässt nicht nur das natürliche Licht einfallen, sondern symbolisiert in der Dunkelheit

66 Vgl. S. 173f. zum Stichwort Weg.
67 Vgl. Dan 6,11; Apg 1,13–14.
68 Greg., Moral. 8,10,19.

der Nacht das Hereinbrechen des jenseitigen Lichtes der Transzendenz. Das Vorbild dafür findet sich in den „Bekenntnissen“ des Augustinus[69], der mit seiner Mutter Monika, kurz vor deren Tod, am Fenster in Ostia steht und über das ewige Leben spricht.

So stellt Gregor den Höhepunkt im Gebetsleben Benedikts, die sog. Vision, dar in einer Lichterscheinung: „Während er mitten in dunkler Nacht hinausschaute, sah er plötzlich ein Licht“ (Dial. 2,35,2). Benedikt erfährt den Hereinbruch eines Lichtes, das „alle Finsternis vertrieb“, und so hell wurde, „dass dieses Licht, das in der Finsternis aufstrahlte, die Helligkeit des Tages übertraf“ (Dial. 2,35,2). Diese Aussage steht in enger Beziehung zu den Berichten der Evangelien über die Verklärung Jesu, die die Jünger teilhaben lässt am Glanz des Göttlichen und der Auferstehung. Im *Exultet* der Osternacht wird die Helligkeit der Nacht in Anlehnung an Ps 36,10 und vor allem an Ps 139,11f nahezu gleichlautend besungen. Für Benedikt ist es die Vorwegnahme seines Hinübergangs in das ewige Licht, der sich wenig später ereignet (Dial 2,37). Es ist seine Ostererfahrung, die sich unmittelbar vor seinem Tod ereignet und seinen Hinübergang in das kommende Leben ankündigt.

Dieses Licht, und das ist eine zweite Erfahrung, bündelt im Blick Benedikts die ganze Welt, den ganzen Kosmos „wie in einem einzigen Sonnenstrahl“ (Dial. 2,35,3). Sein eigenes Leben, seine Erfahrungen, sein ganzer Weg mit den Hoffnungen und Enttäuschungen, mit den Verwundungen und den Reifungsprozessen sind darin eingeschlossen. Benedikt wird in die Zusammenschau der Wirklichkeit der ganzen Schöpfung geführt. Dieses Überblicken alles dessen, was ist, lässt an Mose denken, dem dies von Gott am Ende seines Lebens geschenkt wird: Er wird auf den Berg Nebo geführt – vergleichbar dem Turm Benedikts – und überschaut alles, was verheißen ist in seiner Ganzheit „bis an das äußerste Meer“ (Dtn 34,1–5).

69 Aug., Conf. 9,23.

Diese Erleuchtung stellt Gregor in einen anspruchvollen theologisch-spirituellen Kontext. Die Vision ist die Relativierung menschlicher Sichtweisen und Kategorien und die mystische Erfahrung am Ende des Lebens: „Wenn die Seele ihren Schöpfer schaut, wird ihr die ganze Schöpfung zu eng. Hat sie auch nur ein wenig vom Licht des Schöpfers erblickt, wird ihr alles Geschaffene verschwindend klein. Denn im Licht innerer Schau öffnet sich der Grund des Herzens, weitet sich in Gott und wird so über das Weltall erhoben. Die Seele des Schauenden wird über sich selbst hinausgehoben. Wenn ... sie von oben hinabschaut, kann sie ermessen, wie klein das ist, was ihr unten unermesslich schien" (Dial. 2,35,6).

Gregor meint damit nicht, dass Schöpfung und Kosmos bedeutungslos sind oder werden. Der Schauende gewinnt vielmehr eine weite Perspektive, die in seinem Inneren etwas verändert. „Wenn er aber, wie gesagt, die ganze Welt als eine Einheit vor sich sah, so wurden nicht Himmel und Erde eng, sondern die Seele des Schauenden weit" (Dial. 2,35,7).

Der Tod

Ein letztes Mal stellt Gregor die betende Gestalt Benedikts bei dessen Sterben in den Mittelpunkt: „Am sechsten Tag ließ er sich von seinen Jüngern in die Kirche tragen; dort stärkte er sich durch den Empfang des Leibes und Blutes unseres Herrn für seinen Tod. Er ließ seine geschwächten Glieder von den Händen seiner Schüler stützen, so stand er da, die Hände zum Himmel erhoben, und hauchte unter Worten des Gebetes seinen Geist aus" (Dial. 2,37,2).

Das Sterben der Heiligen hat in der altkirchlichen Tradition stets große Beachtung gefunden, steht es doch in unmittelbarem Zusammenhang mit dem Anfang der Berufung. Am Ende bestätigt sich, was zu Beginn intendiert war.

Gregor gestaltet den Heimgang Benedikts mit den Elementen, die die hagiographische Tradition für das Sterben heiliger Mönche bereitstellt. Er macht dies mit einer Motivkette deutlich, die beim Sterben bedeutender Menschen bereits in der Antike verwendet werden. Die christliche Tradition fügt dem typisch christliche Elemente hinzu, z. B. das Oratorium als Ort des Todes. Eine besondere Rolle nimmt beim Sterben der Heiligen das Gebet ein. Häufig ist der Sterbende dabei nach Osten, der aufgehenden Sonne zu, gewandt, von wo der wiederkommende Christus erwartet wird. Es ist die Ausrichtung auf den Herrn, dem das ganze Leben gegolten hat, und schon Vorwegnahme der Verheißung, für immer bei ihm zu sein.

Auch Benedikt betet bei seinem Tod. Er tut es mit erhobenen Händen, was eine der ausdrucksvollsten Gebetshaltungen ist, die die Alte Kirche kennt. Ebenso bedeutsam ist es, wenn Gregor davon spricht, dass Benedikt im Stehen stirbt: „So stand er da, die Hände zum Himmel erhoben“ (Dial. 2,37,2). Die Verbindung des Betens im Stehen und mit erhobenen Händen weist zurück auf die ‚Orante‘, das gestaltgewordene Gebet, wie sie in der Kunst der Katakomben zum Symbol frühchristlichen Betens schlechthin geworden ist. Solches Stehen beim Sterben ist allerdings ein in der Vitenliteratur ganz einmaliges Motiv, zu dem es keine Parallele gibt. Vielleicht darf man darin eine authentische Erinnerung der Mönche vom Sterben ihres Abtes sehen.

17. Das Testament: Eine Mönchsregel

Von besonderer Bedeutung ist in der Komposition des zweiten Buches der Dialoge ein kurzes Kapitel, das sich erst am Ende findet. Nach der Lichtvision und unmittelbar vor dem Tod Benedikts berichtet Gregor von der Niederschrift einer Mönchsregel. Das hat einen guten Grund. Sie ist gleichsam das Vermächtnis an die Nachwelt. Nicht nur das Leben Benedikts, seine Taten und seine Wunder sind bedeutsam, noch eindeutiger und nachhaltiger ist der Einfluss seiner Regel. Gregor charakterisiert sie: „Das Wort seiner Lehre strahlte hell auf. Er schrieb eine Regel für Mönche, ausgezeichnet durch maßvolle Unterscheidung und wegweisend durch ihr klares Wort“ (Dial. 2,36). Gregor beschreibt damit offenkundig einen Text, der sich auszeichnet durch Kürze, Klarheit und Übersichtlichkeit, vor allem aber durch ihre unterscheidende Klugheit und weise Menschlichkeit. Damit bleibt lässt Raum für Entscheidungsfreiheit und Verantwortung.

Die Regel bildet das geistliche Testament Benedikts. Sie ist auch der Nachweis, mit dem Gregor die Glaubwürdigkeit und Lauterkeit des Mönchsvaters eigens herausstellt und durch Übereinstimmung von Leben und Lehre einen entscheidenden Erweis seiner Heiligkeit gibt: „Wer sein Wesen und sein Leben genauer kennen lernen will, kann in den Weisungen dieser Regel alles finden, was er als Meister vorgelebt hat: Der heilige Mann konnte gar nicht anders lehren, als er lebte“ (Dial. 2,36). Benedikts monastisches Konzept und sein segensreiches Leben sind für Gregor so einzigartig, dass er dem Abt von Montecassino ein eigenes Buch der insgesamt vier Bücher seiner Dialoge gewidmet hat. Für ihn ist er der von Gott gesegnete Heilige, der in schwierigen Zeiten des Umbruchs Bewährtes bewahrt und Neues stiftet. Gerade dafür legt seine Mönchsregel deutliches Zeugnis ab.

II. Die Benediktusregel: Eine geistliche Wegweisung

1. Was ist das: Eine „Regel"?

Benedikt definiert Mönchsein als ein Leben „unter Regel und Abt" (RB 1,2) und bezeichnet sein Werk als *regula*, als einen jener Gebrauchstexte des altkirchlichen Mönchtums, die den monastischen Grundkonsens sichern und weitergeben wollen. Ursprünglich kennt das Frühe Mönchtum eine alle verpflichtende gemeinsame Klosterregel nicht. Auszugehen ist von einer ‚ungeschriebenen' Regel, d.h. einem Grundwissen, wie man als Mönch zu leben hat und das zunächst mündlich von Meister zu Schüler weitergegeben wird. Die schriftliche Niederlegung dieses Wissens hält die Vorstellungen und Anliegen des gemeinsamen Lebens fest und sichert den Konsens. Sie will Bewährtes weitergeben und auf neue Herausforderungen reagieren. Es geht dabei nicht um Originalität des jeweiligen Regelschreibers, sondern um kritische Kontinuität mit der Überlieferung des Mönchtums, die ausgelegt wird auf die konkrete Situation einer Gemeinschaft hin.

Die Ur-Regel: Die Heilige Schrift

Die eigentliche Ur-Regel des Mönchtums ist die Heilige Schrift. Das wird deutlich, wenn Basilius auf die Anfragen von Mönchen und Nonnen stets mit Schriftworten antwortet und in einer frühen Schrift, den „Ethica", eine systematische Zusammenstellung von 1500 Bibelversen bietet, an die der Getaufte sich halten kann. Pachomius ordnet die „Regel der Heiligen Schrift – *regula scriptura-*

rum“ allen anderen Weisungen vor[1]. Damit ist eine Klosterregel keine Anweisung eines Gründers oder Abtes nach eigenem Gutdünken, sondern nur die „Einschlagstelle“ der Heiligen Schrift in das Leben der Gemeinschaft. Jede klösterliche Weisung muss sich an diesem Anspruch messen.

Die Dominanz der ganzen Heiligen Schrift ist ein Merkmal, das in der Benediktusregel deutlich wird. So begegnet im Text eine Fülle von Zitaten, Anklängen und Anspielungen von Schriftstellen, die sich vielfach nur dem bibelkundigen Leser erschließen, für die Mönche Benedikts ohne weiteres erkennbar waren. Die große Anzahl biblischer Stellen und ihre Verknüpfung zu Reihen von Zitaten bezeugen eindrucksvoll die Priorität der Bibel. Sie sind nicht einfach als Belegstellen zu verstehen, sondern was entscheidend ist, kann am besten mit der Autorität des biblischen Wortes verkündet werden, nicht durch menschliche Weisung.

Die Verschriftlichung der Mönchsregel

Im 5. und 6. Jahrhundert lässt sich die wachsende Bedeutung einer schriftlichen Regel erkennen. Den Auswüchsen monastischer Bewegungen, den subjektiven Einschätzungen von Klostervorstehern und divergierenden geistlichen Strömungen sucht man zu begegnen durch normative Texte, die die Intention des Mönchtums festhalten. So wird das Wort zum Terminus technicus für die schriftliche Regel eines Klosters. Das bedingt auch eine bestimmte Sprache mit einem gewissen normativen Charakter, die anders ist als z. B. eine Predigt, ein Bibelkommentar, ein Brief, anders auch als ein narrativer Text wie z. B. eine Lebensbeschreibung. Dennoch ist eine Regel kein reiner Verordnungs- und Gesetzestext. Sie vermittelt normative Weisung und spirituelle Identität. Die Auswahl der Themen, die monastische Intention und die Orientierung an der Bibel sind übereinstimmende Merkmale der klösterlichen Re-

1 Pachom., Instituta 10.

gelschreibung. Hier ist ein breiter Konsens festzustellen, der die Regelvielfalt zusammenhält durch die Überzeugung, dass Bewährtes tradiert werden soll. Die Weisung Benedikts für Mönche ist nur eine von einer Vielzahl von Haus-Regeln. Aus den Jahrzehnten rund um Benedikt sind etwa dreißig Klosterregeln überliefert.

2. Die Benediktusregel im Kontext

Die „Landschaften" des Mönchtums

Auch wenn die Benediktusregel am Beginn des frühmittelalterlichen abendländischen Mönchtums steht, markiert sie mehr noch den Endpunkt des spätantiken altkirchlichen Mönchtums im Umbruch der Zeit[2]. Die Benediktusregel ist von diesem vorausgehenden Mönchtum ganz geprägt. Sie stellt sich bewusst in eine lange Tradition, die sie selber benennt, wenn sie sich auf „unsere heiligen Väter" (RB 18,25), auf die Mönchsväter bezieht. Das bezieht die geographischen Räume in Ägypten und Kleinasien ein, ebenso Palästina, Nordafrika und das südliche Gallien wie auch Italien. In RB 73 sind die Überlieferungen genannt, aus denen der Verfasser schöpft und denen er sich in kritischer Kontinuität verpflichtet weiß. Benedikt stellt sich mit seinem Hinweis auf die Quellen in den Zusammenhang des monastischen Schrifttums, das ihm zur Verfügung stand. Auch Benedikt will weitergeben, was sich bewährt hat. Das setzt jedoch einen Prozess des Auswählens voraus, der die besten Überlieferungen sichtet und eigene Akzente setzt. Dazu zählen vor allem auch die zu seiner Zeit bekannten mehr als dreißig Klosterregeln. Damit kommen zugleich die bedeutendsten monastischen Landschaften in den Blick und ihre schriftlichen Dokumente, sowie die großen Gestalten des östlichen und westlichen Mönchtums.

2 Vgl. Merkt, A., Das frühe christliche Mönchtum. Quellen und Dokumente von den Anfängen bis Benedikt, Darmstadt 2008.

„Unsere heiligen Väter"

Ausdrücklich nennt Benedikt als einzigen Namen „unseren heiligen Vater Basilius“, an dessen Regel die Mönche sich ausrichten sollen (RB 73,5). Dieser Hinweis lässt die hohe Wertschätzung des Basilius von Cäsarea († 379) erkennen. Das Regelwerk des Basilius, entstanden in der Mönchslandschaft des Pontus/Kleinasien, war einem mehrschichtigen Entstehungsprozess unterworfen[3]. Die erste Version dieses sog. Asketikons, die aus 203 Fragen von Mönchen und Nonnen an Basilius besteht und seinen Antworten darauf ausschließlich aus Schriftzitaten, wurde von Rufinus 397 ins Lateinische übersetzt. Diese Übersetzung ist auch die Fassung, die Benedikt im Auge hatte. Von besonderer Bedeutung ist dabei die Rolle der Heiligen Schrift, die Basilius selber ausschließlich als „Regel“ verstand. Sein monastisches Ideal, auf das Benedikt durch seine Erwähnung hinweist, ist von der Urgemeinde in Jerusalem mit ihrem Ideal der Gütergemeinschaft und Einheit in Liebe bestimmt, wie auch von der paulinischen Vorstellung der Gemeinschaft als Leib Christi.

Von ebenso großem Einfluss auf die Benediktusregel sind die Regeln des Pachomius († 346/7). Er leitete in Ägypten mit der Gründung eines Klosters in Tabennisi um 320/5 die Entwicklung des gemeinsamen Lebens unter einem Oberen und mit für alle verpflichtenden Vorschriften ein. Diese aus vier Teilen bestehende Sammlung liegt dem Westen in der lateinischen Übersetzung des Hieronymus aus dem Jahr 404 vor. Vor allem die biblische Spiritualität seines zweiten Nachfolgers Horsiese († 380/390), dessen geistliches Testament, genannt *„Liber“*, das ebenfalls Hieronymus übersetzte, befruchtete auch das entstehende lateinische Mönchtum. In dieser Übersetzung dürfte Benedikt es gekannt haben. Beide Werke haben sich zwar im Westen als gelebte Regel nicht durchgesetzt, aber aufgrund der monastischen Autorität der Verfasser wurden sie nicht nur zur Kenntnis genommen, sondern

3 S. Verzeichnis der Werkausgaben.

gehören zum spirituellen Grundwasser und wurden in vielen Einzelpunkten in die lateinischen Regeln aufgenommen. In der Regel Benedikts sind sie überdurchschnittlich präsent.

Ein weiterer Kristallisationspunkt des westlichen Mönchtums bildet Nordafrika. Augustinus († 430) gibt für seine Klostergründungen in Thagaste und Hippo Weisungen, die als „*Praeceptum*", eine kurze Regel, überliefert ist, zu der ein noch kürzerer „*Ordo monasterii*" hinzutritt[4]. Wie schon Basilius sieht er sich dem Ideal der Apostelgeschichte von der Einheit aller in Gütergemeinschaft, Arbeit und Gebet verpflichtet. Das gemeinsame Leben ist bestimmt durch gegenseitige Rücksichtnahme und die Anerkennung der Bedürfnisse des einzelnen. Von Bedeutung ist die Ausbalancierung der sozialen Unterschiede durch Herkunft und Bildung. Vor allem das Bild des Oberen hat tiefe Spuren in der Benediktusregel hinterlassen. Für das nachfolgende Mönchtum wurde hat Augustinus mit seinem epochemachenden Buch „Von der Handarbeit der Mönche – *De opere monachorum*", die Arbeit entgegen römischer Einschätzung in den monastischen Lebenskontext eingebunden und eine hohe Ethik und Arbeitsmoral vertreten.

Benedikt fügt in RB 73,5 noch die „Unterredungen der Väter und ihre Einrichtungen" an. Mit diesen Bezeichnungen sind die Werke des Johannes Cassianus († 430/35), seine *Collationes* und *Institutiones* gemeint, die die Mönchslandschaft Südgalliens mitgeprägt haben[5]. Sie führen zurück zum Ursprung des Mönchtums in Ägypten, das Cassian durch einen längeren Aufenthalt kennenlernte. Nach seiner Rückkehr nach Marseille legte er damit die Summe der östlichen Spiritualität und Lebensweise des Mönchtums nieder. Er vermittelt dem Westen nicht nur das organisatorische und disziplinäre Umfeld der ägyptischen Gruppen und Gemeinschaften, sondern ebenso die Askese, den Kampf gegen die Laster, die Gebetslehre und den Weg des Mönches zu Gott durch

4 S. Verzeichnis der Werkausgaben.
5 S. Verzeichnis der Werkausgaben.

die Nachahmung Christi. Allerdings verbindet er damit auch den Hinweis auf die veränderten Bedingungen und Verhältnisse in Gallien, die einen differenzierten bzw. adaptierten Umgang mit dem ursprünglichen Ideal erfordern.

Ein bedeutender monastischer Schwerpunkt neben den Klostergründungen Cassians bildet sich in Südgallien auf der Insel Lérins seit ca. 410 heraus. Ein breites Schrifttum der hochgebildeten Mönche gibt Zeugnis von ihren Idealen. Wegweisend ist dabei die grundlegende Entscheidung für das gemeinsame Leben unter einer Regel und einem Oberen. Es ist gekennzeichnet durch den Gehorsam und die Beständigkeit, die Demut, die persönliche Besitzlosigkeit. Von besonderer Wichtigkeit sind das gemeinsame Stundengebet, die Schriftlesung und die Arbeit. Die Gemeinschaft wird zusammengehalten durch das Bemühen um die gegenseitige Brüderlichkeit. Diese Anliegen sind einem Textcorpus von fünf kleinen Mönchsregeln zu entnehmen, die „Regeln der Väter – *Regulae Patrum*“[6], das dem Lériner Kloster zugewiesen werden kann. Der Einfluss dieser Regeln auf Benedikt ist unübersehbar bis hinein in die Terminologie und gleichlautende Weisungen.

Viele Parallelen mit der Benediktusregel weist die Nonnenregel des Caesarius von Arles († 542) auf[7]. Selber Mönch von Lérins gründete er als Bischof von Arles ein Frauenkloster, für das er zwischen 512 und 534 eine Regel verfasste, die ihrerseits beeinflusst ist vom Regelwerk des Augustinus. Neben den bereits genannten Idealen findet sich ein umfangreicher liturgischer Ordo mit den Gebetszeiten, ihren Psalmen und Hymnen, den Caesarius ausdrücklich von Lérins übernimmt.

Eine Vielzahl von klösterlichen Gemeinschaften findet sich zur Zeit Benedikts auch in Italien. Das für die Benediktusregel einflussreichste Dokument ist die anonyme *Regula Magistri*, die Magisterregel[8]. Sie ist entstanden im ersten Viertel des sechsten Jahrhun-

6 S. Verzeichnis der Werkausgaben.
7 S. Verzeichnis der Werkausgaben.
8 S. Verzeichnis der Werkausgaben.

derts, wobei ein Kloster oder ein Ort unbekannt bleiben. Zu Beginn dieses Textes finden sich nach einem vierteiligen Prolog die Kapitel über die konstitutiven Elemente des gemeinsamen Lebens: die Regel, der Abt, die Aufgaben des Abtes und ein „Programm“ der geistlichen Kunst. Die Ausführungen zu Gehorsam, des Schweigen und Demut schließen sich an (RM 1–10). Diese Kapitel gehen ihrerseits auf eine unbekannte Vorlage zurück, die die Magisterregel als Quelle angibt, die „*actus militiae cordis*“, die „Dienstakten des Herzens“. Leitbild der Magisterregel ist die Sicht des Klosters als ‚Schule'. Die Benediktusregel geht in ihrem Prolog und den ersten sieben Kapitel fast wortgleich mit diesem Teil der ihr gegenüber älteren Magisterregel zusammen. Allerdings wird hier die Eigenständigkeit der Benediktusregel deutlich. Durch Auslassungen und Einfügungen, durch zusätzliche Kapitel und Themen schafft Benedikt einen Text, der sich auf die spirituellen Anliegen konzentriert und die biblische Grundlage seiner Regel akzentuiert.

Ebenfalls in RB 73,5 wird gesprochen von den „Lebensbeschreibungen“ der Väter, den „*Vitae Patrum*“. Damit ist die erzählende Mönchsliteratur gemeint. Nicht nur die legislativen, normativen Texte der Regeln, sondern ebenso das narrative Schrifttum dient der Orientierung des Mönchtums und die Lebenspraxis der Mönchsväter ist vielfach in die Regeln eingeflossen. Seit dem 6. Jahrhundert bezeichnet dieser Titel ein lateinisches Sammelwerk des östlichen Mönchtums mit Lebensbeschreibungen der Mönchsväter, Reise- und Erfahrungsberichte unterschiedlicher Herkunft. Dazu zählt an hervorragender Stelle die *Historia monachorum in Aegypto*, die in Rufinus v. Aquileia († 410) einen engagierten und kompetenten Bearbeiter und Übersetzer gefunden hat[9]. Die Spruchliteratur des östlichen Mönchtums, wie sie in den Apophthegmata Patrum[10] vorliegt, gehört ebenfalls zum Hintergrund der Benediktusregel.

9 S. Verzeichnis der Werkausgaben.
10 S. Verzeichnis der Werkausgaben.

Vor allem darf man die Kenntnis Benedikts der großen Gestalten des Mönchtums voraussetzen. Das gilt insbesondere für die epochale Vita des Mönchsvaters Antonius, die Athanasius v. Ale-xandrien († 373) um 360 verfasste, im Westen für die Martinsschriften des Sulpicius Severus († um 420) über Leben und Lehre des Mönchs und Bischofs Martin von Tours. Von besonderem Einfluss auf das Abtsbild der Benediktusregel ist die Vita des Gründerabtes von Lérins, Honoratus († 430), wie auch die Vita des Mönchsbischofs Fulgentius von Ruspe († 527/530), die sich beide in Weisungen Benedikts wiederfinden.

Die „heiligen katholischen Väter"

Die Benediktusregel steht in der langen Überlieferung patristischer Theologie und Spiritualität. Dafür gibt sie selber den entscheidenden Hinweis, wenn sie sich bewusst in die Tradition derjenigen Väter stellt, die sie als „heilig" und „katholisch" kennzeichnet (73,4). Benedikt nennt die Väter bereits in RB 9,8, wenn er bestimmt, dass die Bibelerklärung in den Vigilien „von anerkannten und rechtgläubigen katholischen Vätern" verfasst sein müssen, d. h. von denjenigen Theologen, die auf dem Boden des Glaubensbekenntnisses von Nizäa stehen.

Benedikt nennt keine Namen, aber der Regeltext zeigt deutlich, dass der Verfasser eine solide Kenntnis der patristischen Schriften besitzt. Diese sind nicht als Beleg gekennzeichnet, wie es zu seiner Zeit nicht üblich war, sondern im Text scheinen kurze Zitate, Themen, Leitgedanken und Formulierungen auf, die der Leser identifizieren muss. Daraus ergibt sich zugleich eine wichtige Aussage für die Benediktusregel selber. In dieser Übernahme der frühchristlichen und altkirchlichen Traditionen kommen vor allem die Gemeindeethik, Pastoral und Spiritualität zum Tragen, nicht aber zuerst dogmatische Positionen und Lehrmeinungen. Das erklärt die Bedeutung, die die Benediktusregel bis heute auch für Menschen hat, die ihren Alltag in Beruf und Familie außerhalb des Klosters, aber im spirituellen Milieu der Benediktusregel leben.

Die Fragen der ganz frühen Gemeinden nach einem Leben im Geist des Evangeliums finden ihren Eingang in die Benediktusregel, wenn sich deutliche Spuren des römischen 1. Clemensbriefs an die Gemeinde in Korinth (um 90 n. Chr.) und der Didache (um 96 n. Chr.) finden[11]. Beide Schriften ermutigen die Gläubigen, entsprechend der Taufverpflichtung zu leben.

Von unverkennbarem Einfluss sind die Schriften Cyprians v. Karthago († 258) auf Benedikt. Die seelsorgliche Ausrichtung des nordafrikanischen Märtyrerbischofs ergibt sich aus den praktischen Problemen des Gemeinde- und Kirchenlebens, für die er gangbare Lösungen sucht. Seine ausgewogene Haltung in der Frage nach dem Umgang mit Menschen, die in der Verfolgung vom Glauben abgefallen sind, findet ihren Niederschlag in der moderaten und differenzierten Bußordnung der Benediktusregel. Cyprians Vorstellungen vom Gebet, seine Einstellung zu einem ernsthaften sittlichen Leben und zum Martyrium haben ebenfalls Eingang gefunden. Hier ist mit weitem Abstand die Auslegung des Vaterunsers „Über das Herrengebet" zu nennen, die offenkundig zur bevorzugten Lektüre Benedikts zählt. Die Kenntnis der Schriften Cyprians lässt sich bis in Zitate hinein feststellen. Die zentrale Orientierung an Christus, die sich bei Cyprian findet, ist eine überaus starke Parallele zu Benedikt

Das Werk des Bischofs Ambrosius v. Mailand († 397) ist in der Benediktusregel an vielen Stellen präsent. Seine biblische und seelsorgliche Kompetenz ist unbestritten. Von zentraler Bedeutung für die Benediktusregel ist seine intensive Spiritualität mit einer ausgeprägten Christusfrömmigkeit. Seine besonnene Sicht auf Probleme und Schwierigkeiten des Gemeindealltags zeigen seine Souveränität, wie sie auch den Verfasser der Benediktusregel auszeichnet. Teile seines Werkes *De officiis* prägen die Auffassung

11 S. Verzeichnis der Werkausgaben.

Benedikts von der Gastfreundschaft (RB 53) wie auch von den Verpflichtungen eines geistlichen Lebens. Die Auslegung zu Psalm 119/118[12] bestimmt mit dem Begriff des doppelten Eifers in RB 72 „Über den guten Eifer der Mönche".

Mit Hieronymus († 419) findet die frühe asketisch-monastische Lebensweise ihren Niederschlag. Die asketischen Kreise vornehmer Römerinnen wurden von Hieronymus geistlich betreut. Nach seinem Fortgang von Rom gründete er in Bethlehem ein Kloster, ebenso seine engste Vertraute Paula. Aus dem Briefkorpus sind für die Benediktusregel zwei Briefe von besonderem Interesse[13]. Die Ep. 22 ist ein langer asketischer Traktat in Briefform für Eustochium, die Tochter der Paula, entstanden 384. Hieronymus beschreibt verschiedene Formen des Mönchtums und gibt einen detaillierten Einblick in die Lebenswelt des ägyptischen Mönchtums. Die Ep. 125, entstanden zwischen 406–410, und ist die Antwort auf eine Anfrage des jungen Galliers Rusticus, der Hieronymus um grundsätzliche Hinweise für das asketische Leben bat. Hieronymus preist darin vor allem die Vorzüge des Koinobitentums. Von besonderem Einfluss auf die Benediktusregel sind seine Übersetzungen der pachomianischen Mönchsschriften.

Augustinus († 430) hat die Benediktusregel vor allem durch seine Schriften zum Mönchtum beeinflusst. An verschiedenen Stellen der Benediktusregel ist der Kommentar des Augustinus zu den Psalmen, die *Ennarrationes in Psalmos* unerlässlich zum Verständnis von Benedikt angeführter Psalmzitate sowie für seine ganz eigene Psalmenauswahl im Stundengebet. Die konsequent christozentrische Auslegung des Psalters bildet einen entscheidenden Verstehenshorizont für die Bedeutung Christi in der Benediktusregel. Augustins Predigten scheinen immer wieder als Hintergrund des benediktinischen Regeltextes auf.

12 S. Verzeichnis der Werkausgaben.
13 S. Verzeichnis der Werkausgaben.

Die *Sermones* Papst Leos des Großen († 461) richten sich an die Gläubigen Roms, um sie in ihrem ethischen Bemühen zu stärken. Dabei geht es dem Papst nicht um asketische Übungen, sondern um wahrhaftige Einsicht und um ein Leben im Geist der Bergpredigt durch Versöhnung, Frieden und Nächstenliebe, Gerechtigkeit und Barmherzigkeit. RB 49 über die Fastenzeit in der Benediktusregel richtet sich in wesentlichen Gedanken und Formulierungen an diesen Predigten Leos aus.

Nur indirekt, aber äußerst wirksam ist die asketische und spirituelle Gedankenwelt des Origenes († 253/254) in der Benediktusregel präsent, die über Evagrius Ponticus († 399) und Johannes Cassian († 430/435) Eingang findet. Im Schülerkreis des Origenes war unter seiner Leitung das Bemühen um eine asketische gemeinsame Lebensführung, um die Schriftlesung, Schriftauslegung und biblische Frömmigkeit das zentrale Anliegen. Seine innere Christusnähe prägt seine Bibelkommentare ebenso wie die praktische Ethik und hat der monastischen Spiritualität starke Impulse gegeben. Zahlreiche Stellen der Benediktusregel erhalten erst auf dem Hintergrund der Schriftauslegung des Origenes ihre Einbindung in die patristische Gedankenwelt.

3. Ein „biblisches" Buch

Die Heilige Schrift: „Eine verlässliche Wegweisung"

Der erste Kontext ist jedoch die Heilige Schrift. Benedikt beschließt seine Regel mit dem ausdrücklichen Hinweis auf die Führungsrolle der Bibel: „Ist denn nicht jede Seite oder jedes von Gott beglaubigte Wort des Alten und Neuen Testamentes eine verlässliche Wegweisung für das menschliche Leben?“ (RB 73,3). Die Benediktusregel versteht sich nicht als Ersatz für die Bibel, sondern als ihre Auslegung in die konkrete Situation der Gemeinschaft hinein. Sie will nichts anderes, als die Worte der Schrift zur Sprache bringen. Dieses Anliegen durchzieht die Komposition, Struktur, Themen und Sprache Benedikts. Bibel- und Regeltext gehen nahtlos ineinander über. Neben den ausdrücklichen und indirekten Schriftzitaten ist die Regel durchzogen von deutlichen Anklängen biblischer Begriffe und Worte, von knappen Andeutungen und kurzen Blitzlichtern. Dabei bevorzugt Benedikt mit der übrigen monastischen Literatur die Psalmen, das Matthäusevangelium und die Paulusbriefe, aber auch die anderen biblischen Bücher finden Erwähnung.

Die enge Verbindung zwischen Schrift und Regel gründet in der Überzeugung, dass die Bibel das Wort Gottes schlechthin und damit gewissermaßen die eigentliche oder „Ur-Regel“ des klösterlichen Lebens darstellt[14]. „Seite“ und „Wort“ meinen die ganze Bibel und stehen letztlich für die lebendige Stimme Christi, die aus der ganzen Schrift spricht. Aufgabe einer Mönchsregel ist es nicht, die Schrift zu ersetzen, sondern zur ganzen Schrift hinzuführen, ihre Weisungen zu verdeutlichen und zu ermutigen, im Alltag danach zu leben.

Auch Kapitel, die scheinbar ohne biblisches Zitat oder biblischen Anklang bleiben, stehen unter dem Einfluss der Heiligen Schrift. Wenn nach einem biblischen Hintergrund gefragt wird, basieren auch diese Regelkapitel auf Bibelversen, oft nur über ein bestimmtes Wort oder ein biblisches Thema. Benedikt hat ebenso wie seine Mönche die Bibel so präsent, dass ihm ein unscheinbares Stichwort ausreicht, um einen breiten biblischen Kontext aufzurufen.

Benedikt geht es nicht um den biblischen Beleg oder das Anführen von Stellen im Stil einer Bibelkonkordanz. Der Umgang mit dem Schriftwort erwächst aus einer Kenntnis der Schrift, die nicht ausschließlich intellektuell ist, sondern in einer völligen Vertrautheit mit dem auswendig gewussten Bibeltext im Hören, Lesen und Meditieren liegt und immer präsent ist.

---

14 S. zum Stichwort ‚Ur-Regel‘ o. S. 87f.

„Unter der Führung des Evangeliums"

Anliegen Benedikts ist es, seine Mönche dahin zu führen, entsprechend der Weisung des Evangeliums zu leben. Das monastische Leben wird schon am Anfang unter den Satz gestellt: „... und gehen wir unter der Führung des Evangeliums seine Wege, damit wir ihn schauen dürfen, der uns in sein Reich gerufen hat" (RB Prol. 21). Damit hebt er die grundsätzliche Bedeutung des „Evangeliums" als einziger Richtschnur für das christliche und monastische Leben hervor. Unter „Evangelium" versteht Benedikt in Übereinstimmung mit der Alten Kirche keineswegs nur die vier Evangelien. Alle Bücher der Bibel sind Offenbarung Gottes, und damit „Evangelium". Dieser Begriff umfasst die ganze Heilsbotschaft des Alten und Neuen Testaments. Der Mönch geht seinen Weg daher „unter der Führung der ganzen Heiligen Schrift". Es geht aber nicht um einen Text, sondern um den, der ‚das Wort' selber ist: Christus. Durch seine Weisung führt er den Mönch auf seinem Lebensweg. So darf man den Satz des Prologs formulieren: „... und gehen wir unter der Führung Christi seine Wege" (RB Prol. 21). Damit ist zugleich der eigentliche Sinn des monastischen Lebens formuliert, wenn Benedikt fast gleichlautend am Schluss seiner Regel dieses Motiv noch einmal aufruft: „Er, Christus, führe uns gemeinsam zum ewigen Leben" (RB 72,12).

4. Eine Regel aus einem Guss?

Entstehungsprozess der Benediktusregel

Die Benediktusregel weist deutliche Spuren auf, dass sie nicht in einem Zug geschrieben wurde, sondern in einem länger dauernden Entstehungsprozess. Das ist bei einem Gebrauchstext, der auf die Entwicklungen einer Gemeinschaft, auf sich verändernde Bedingungen, auf unterschiedliche Zeitverhältnisse reagieren muss, nichts Ungewöhnliches.

Es lassen sich zwei große Teile erkennen. Der erste Teil schloss ursprünglich mit RB 66, dem Kapitel über den Pförtner, die Klausur der Mönche und die wiederholte Lesung der Regel. Diese Themen finden auch sonst in den Mönchsregeln und bilden im allgemeinen den Abschluss des jeweiligen Textes. Mit RB 67–73 fügt Benedikt anschließend Kapitel hinzu, die die Themen des ersten Teil ergänzen und vertiefen.

Der Prolog und die ersten sieben Kapitel sind, wie bereits ausgeführt, eine erste Texteinheit, die älteren Quellen entstammt und von Benedikt aus der anonymen „Magisterregel" stark modifiziert übernommen und durch Auslassungen und Ergänzungen bearbeitet wurde. Dieser Umgang mit der vorliegenden Überlieferung erweist die souveräne Eigenständigkeit des Verfassers.

Beim Aufbau der Benediktusregel lässt sich der ordnende Wille Benedikts feststellen. Die dem ungeübten Blick willkürlich erscheinende Themenfolge ergibt ein Konzept, das in die Anordnung der Kapitel mit einigen Einschüben in eine klare und stringente Abfolge erkennen lässt.

An den Anfang sind die grundsätzlichen geistlichen Weisungen gestellt, denen Regelungen zur Organisation des Klosters und zur Struktur des gemeinsamen Lebens folgen. Neben Kapitelgruppen zu bestimmten klösterlichen Fragen finden sich Einzelthemen, die auf das jeweilige Kapitel beschränkt sind, aber immer in einem größeren Zusammenhang stehen. Dabei offenbart sich eine inhaltliche Kohärenz und eine Vernetzung der Themen innerhalb der Regel, die zeigen, dass der Verfasser immer das Ganze seiner Weisungen als Gesamtkonzept vor Augen hat. Gezielte Wiederholungen oder thematische Übernahmen in unterschiedlichen Kapiteln machen das deutlich. Dabei besteht die Erwartung an den Leser, dass er über große Distanzen im Text diese Parallelität erkennen kann, für den antiken Leser eine Selbstverständlichkeit.

Der Aufbau

Der Prolog

Die Benediktusregel beginnt mit einem als „Prolog“ benannten Textabschnitt, der das geistliche Anliegen der folgenden Regel, besonders ihrer ersten sieben Kapitel, bereits erkennen lässt. Der Prolog ist aber nicht als literarische Vorrede, sondern als Einweisung in die Lebensform des Mönchtums zu verstehen. Er stellt die großen Themen des monastischen Lebens vor und leitet das spirituelle „Programm“ ein. Den Beginn (Prol. 1–4) und den Schlussteil des Textes (Prol. 46–49) formuliert Benedikt mit eigenen Themen.

RB 1–3: Das gemeinsame Leben im Kloster „unter Regel und Abt“

Als Eröffnungskapitel ist RB 1 über die verschiedenen Mönchsarten von besonderer Bedeutung. Es stellt das Thema der gesamten Regel vor, nämlich die Entscheidung für das Leben in Gemeinschaft und wehrt Zerrformen monastischen Lebens ab. Bestimmend ist die Definition des Mönchtums als Dienst für Christus „unter Regel und Abt“ (RB 1,2).

Damit kommt in RB 2 die Leitungsgestalt des Abtes in den Blick als charismatischer Vater der Mönche in seinen Aufgaben als Lehrer und Hirt, aber auch mit ihrer hierarchischen Strukturierung. Sein Auftrag gründet auf der Heiligen Schrift, an deren Weisungen allein er sich zu halten hat. Abt und Gemeinschaft bilden eine Einheit, die in RB 3 bekräftigt wird durch die Beratung mit allen Brüdern, die Benedikt verpflichtend macht. Dabei ist von Interesse, dass er den jungen Brüdern mit Nachdruck eine wichtige Funktion im Beratungsprozess einräumt.

RB 4–7: Die geistliche Grundunterweisung für das monastische Leben

RB 4 stellt in kurzen Merksätzen mit den „Werkzeugen der geistlichen Kunst“ eine Zusammenfassung christlichen Lebens entsprechend der Taufe vor. Viele der Leitsätze gehen auf kirchliche Überlieferung der ersten Jahrhunderte zurück und formulieren, wie der Christ sich zu verhalten hat. Der Mönch bleibt diesen Anliegen selbstverständlich verpflichtet. Zugleich steht RB 4 in enger sprachlicher und inhaltlicher Verbindung zu den drei nachfolgenden Kapiteln über den Gehorsam, das Schweigen und die Demut.

Diese drei Kapitel RB 5–7 bilden als spiritueller Dreiklang eine Einheit und zeigen, dass Gehorsam, Schweigen und Demut keine Einzeltugenden sind, sondern aufeinander bezogen die eigentliche Perspektive formulieren, dem gehorsamen, dem schweigenden und dem demütigen Christus nachzufolgen. Für den Mönch ist der Gehorsam mit RB 5 Hören auf das Wort der Schrift und Antwort auf die Berufung. Konkret wird der Gehorsam durch die Weisung des Abtes und die Erfordernisse des gemeinsamen Lebens. Das Gehorsamsverständnis von RB 5 ergänzt Benedikt durch die Frage nach Grenzsituationen (RB 68) und dem gegenseitigen Gehorsam der Brüder (RB 71). In engem Zusammenhang mit dem Gehorsam sieht Benedikt in RB 6 das Schweigen und das rechte Reden. Es geht nicht um das Verstummen des Mönchs, sondern um die Sammlung und Konzentration im geistlichen Leben. Das wirkt sich aus in den Regelungen des Alltags, wenn Benedikt Zeiten und Räume des Schweigens erwähnt und in bestimmten Situationen zu „größter Stille“ oder „völligem Schweigen“ mahnt. RB 7 über die Demut bildet den Abschluss des ersten großen Abschnitts der Regel. Demut als Grundhaltung der Wahrhaftigkeit im Angesicht Gottes und in der eigenen Einschätzung gegenüber den Mitmenschen hat nichts mit Minderwertigkeit und Unterwürfigkeit zu tun. Sie ermutigt vielmehr dazu, den im Mönchtum bewährten Weg zur Selbsterkenntnis und Selbstannahme für sich zu entdecken und zu verwirklichen und zu großer Unabhängigkeit von Bestätigung und Bedeutsamkeit zu kommen.

RB 8–18: Die Stundenliturgie des Klosters

Die Bedeutung, die Benedikt dem gemeinsamen Stundengebet der Mönche zuweist, wird durch seine Stellung innerhalb der Regel deutlich. Unmittelbar an die geistliche Grundunterweisung schließt er im Unterschied zu anderen Regeln mit RB 8–18 die Abfolge und Psalmenordnung für die Gebetszeiten in der Nacht und während des Tages an. Damit wird klar, dass das gemeinsame Stundengebet allen anderen Inhalten vorangestellt und der Mittelpunkt des monastischen Lebens ist[15]. Hinweise auf eine Feier der Eucharistie finden sich nur andeutungsweise, ohne dass dazu konkrete Angaben gemacht werden können.

Die Liturgiekapitel enthalten keine vollständige Ordnung des Stundengebetes, sondern setzen Bekanntes voraus und regeln, was übernommen oder neu eingeführt werden soll. Benedikt beginnt mit der ehrwürdigsten Gebetszeit der Kirche, den Vigilien, dem Nachtgottesdienst, der auf die früheste Zeit zurückgeht. Dann folgt die Ordnung für das Stundengebet am frühen Morgen, die Laudes, von ihm als Matutin bezeichnet. Daran schließen sich die Bestimmungen für die Gebetszeiten am Tag, der Prim, Terz, Sext und Non, Bezeichnungen nach der römischen Stundenzählung. Die Vesper als Abendhore und die Komplet als Abschluss des Tages werden ebenfalls geregelt. Mit einer eigenen Zusammenstellung der Psalmen knüpft Benedikt zwar an vorhandenen liturgische Praxis an, zeigt aber einen persönlichen Gestaltungswillen, der von sicherem geistlichen Gespür zeugt.

RB 19–20: Die Ehrfurcht beim Gebet

Die Anweisungen für das Stundengebet fasst Benedikt mit RB 19 über die innere Haltung beim Stundegebet und RB 20 über die Ehrfurcht zusammen, die auf Grundhaltungen des Gebetes verweisen und für den Vollzug des Gebetes von besonderem Gewicht

15 Vgl. dazu RB 43,3 u. S. 107.

sind. Sie stellen eine Gebetskatechese dar, die starke Impulse aus der pastoralen Überlieferung aufnimmt und dem Mönch den Gedanken der Gegenwart Gottes und die Ehrfurcht ihm gegenüber vor Augen, die auch sonst das Leben durchdringen soll. Das Stundengebet ist kein gesonderter Teil der Existenz, sondern eingebunden in den Gesamtzusammenhang aller Bereiche der Gemeinschaft.

RB 21–22: Zur Ordnung des gemeinsamen Lebens

Mit RB 21 über die Dekane beginnt nach den Kapiteln über den liturgischen Kapiteln eine neue Thematik, die sich mit Leitungsaufgaben in der Gemeinschaft, mit dem klösterlichen Besitz und der Versorgung der Brüder beschäftigt. Dabei kommt den Dekanen, d.h. Mönchen, die einer Zehnerschaft vorstehen, die Aufgabe zu, den Abt in seiner Amtsführung zu unterstützen und Sorge zu tragen für die Brüder. Hauptmerkmal ihrer Auswahl ist eine glaubwürdige Lebensführung. Die unvermutete Stellung von RB 22 über der Nachtruhe der Mönche erklärt sich aus der Verknüpfung mit den Weisungen für die Dekane. In der Tradition gehört die Aufsicht im gemeinsamen Schlafraum zu ihrem Aufgabenbereich. Benedikt macht daraus ein eigenes Kapitel mit einer eschatologischen Aussage, unabhängig von funktionalen Regelungen. Durch die konsequent biblische Grundlegung wird eine eigenständige spirituelle Aussage erreicht.

RB 23–30: Umgang mit Schuld und Verfehlungen

Noch bevor die Weisungen für das Leben in Gemeinschaft folgen, legt Benedikt eine umfangreiche Bußordnung vor. Auch wenn der unmittelbare textliche Zusammenhang auf die Dekane zurückgreift, bildet diese Kapitelfolge, die sich mit Fehlverhalten und Versagen der Brüder auseinandersetzt, eine wichtige Basis für das Zusammenleben und den Frieden unter den Brüdern. Die Schuldigen sollen die Verantwortung für ihr Handeln übernehmen, den

Schaden wiedergutmachen und sich bessern. Dazu bedarf es aber Sanktionen und Korrekturen von Seiten der Gemeinschaft. Dabei geht es nicht um Vergeltung, vielmehr konzentriert sich Benedikt auf sein eigentliches Anliegen: die Rückgewinnung des Bruders und die seelsorgliche Zuwendung des Abtes und der Gemeinschaft zu den Schuldigen.

RB 31–34: Die Gütergemeinschaft

Der Besitz des Klosters ist keine Privatsache, sondern ist als Gütergemeinschaft nach dem Vorbild der Jerusalemer Urgemeinde Merkmal des Mönchtums[16]. Die Güter des Klosters und die Versorgung der Brüder sind in RB 31 in die Verantwortung des Cellerars gestellt. Seine Tätigkeiten und Aufgaben umfassen nicht nur den sorgfältigen und planvollen Umgang mit dem Eigentum der Gemeinschaft, sondern auch die Sorge für Fremde, Arme und Kranke. Seine Einfühlsamkeit gegenüber den Brüdern betont Benedikt besonders. Wie selbstverständlich schließt sich mit RB 32 die Frage einer weiteren Verwaltung des klösterlichen Besitzes an. Es werden nun Brüder genannt, die für die Werkzeuge und Gerätschaften des Klosters verantwortlich sind und den Cellerar unterstützen.

Im Zusammenhang des Ideals vom gemeinsamen Hab und Gut bildet RB 33 die geistliche Mitte. Eindeutig und radikal stellt Benedikt den Verzicht auf jeden privaten Besitz heraus, der nicht zugeteilt ist. Persönliche Besitzlosigkeit bedeutet keine Verelendung, sondern wird ermöglicht durch die Gütergemeinschaft, wobei jedem gegeben wird, was er braucht. Das Thema wird weitergeführt durch RB 34 mit der Frage, wieviel der einzelne Mönch braucht. Benedikt entscheidet grundsätzlich auf der Basis der Apostelgeschichte[17], dass nicht allen gleich viel und dasselbe zugeteilt werden kann. Vielmehr ist das Kriterium, wieviel jeder einzelne

16 Apg 4,32: Keiner nannte etwas von dem, was er hatte, sein Eigentum, sondern sie hatten alles gemeinsam.

17 Apg 4,35: Jedem wurde davon so viel zugeteilt, wie er nötig hatte.

braucht und ihm zugeteilt wird, was er nötig hat. Dadurch gibt es Brüder, die mehr und die weniger brauchen.

RB 35–38: Der gegenseitige Dienst unter den Brüdern

Mit dem Leitwort „dienen“ stellt Benedikt in RB 35 nicht nur den Küchen- und Tischdienst unter die Weisung des Evangeliums zur gegenseitigen Dienstbereitschaft, sondern den gesamten Alltag. Damit ist die entscheidende Voraussetzung und biblische Begründung aller praktischen Regelungen in der RB ausgesprochen mit dem Beispiel der Fußwaschung[18]. Assoziativ zum Stichwort „dienen“ formuliert RB 36 den Grundsatz des Dienstes an den Kranken. Mit der starken Motivation durch Mt 25,35.40 wird ihnen nicht nur alles zugewendet, was sie brauchen, sondern in ihnen der kranke Christus gesehen. In demselben Zusammenhang spricht Benedikt den Umgang mit den Alten und Kindern in RB 37 an. Die liebevolle Zuwendung zu ihnen ist Gebot menschlicher Barmherzigkeit und brüderlicher Großherzigkeit. Mit RB 38 über den Dienst des Lesers bei Tisch nimmt Benedikt das Thema der Mahlzeit wieder auf und bestimmt grundsätzlich das Verhalten beim Essen durch Schweigen und Hören auf das Wort Gottes.

RB 39–41: Die tägliche Versorgung der Brüder

Die Sorge für das Wohl der Brüder klärt Benedikt in RB 39 mit der Frage nach dem Maß der Speise. Dabei ist er großzügig und unterscheidet zwischen verschiedenen Situationen, die eine unterschiedliche Versorgung notwendig machen. Dasselbe gilt in RB 40 für das Maß des Getränkes. Auch hier geht es nicht um eine asketische absolute Festlegung, sondern darum, den entsprechenden Ort- und Zeitverhältnissen ebenso gerecht zu werden, wie den Bedürfnissen der Brüder. RB 41 beschließt die Kapitelfolge über die Versorgung der Brüder mit der Festlegung der Zeiten für das

18 RB 35,9; vgl. Joh 13,14–15.

Essen. Die Berücksichtigung des Kirchenjahres und der Jahreszeiten mit ihren unterschiedlichen Bedingungen unterstreichen die Flexibilität der Anweisungen.

RB 42–52: Die Zeiten für Gebet, Lesung und Arbeit

In inhaltlichem Anschluss an das vorausgehende Kapitel macht Benedikt in RB 42 eine erste Angabe über die Gestaltung der klösterlichen Tageszeiten, wenn er die Zeit nach dem Abendtisch regelt durch die gemeinsame Lesung und die abendliche Komplet. Die Stunden der Nacht sind von der Stille und vom Schweigen geprägt. Die Frage, was geschieht, wenn die vorgegebenen Zeiten nicht beachtet werden, führt mit RB 43–46 zu einem eingeschobenen Kapitelblock über den Umgang mit Verspätungen zum Stundengebet und bei Tisch, mit Nachlässigkeiten und Versäumnissen, der die Kapitel 23–30 ergänzt. Unpünktlichkeit ist stets auch ein Ausdruck mangelnder Wertschätzung. Daher markiert Benedikt die Priorität des Stundengebetes mit dem singulären Satz in RB 43,3, dass ihm nichts vorgezogen werden darf. Wer im Kloster Regelungen vernachlässigt oder die Strukturen missachtet, muss dafür die Verantwortung übernehmen. In welchen Formen das geschehen kann, legt Benedikt in diesen Kapiteln fest.

Das Thema der Verspätungen der Zeit wird in RB 47 unter dem Stichwort des Zeichens zum Stundengebet behandelt. Ihm ist unmittelbar zu folgen, weil die unverzügliche Beachtung Ausdruck der Wertschätzung ist. Damit leitet Benedikt über zum zentralen Kapitel dieser Gruppe. RB 48 legt die Ordnung vor für die geistliche Lesung und die Arbeit. Da die Ordnung für das Stundengebet und die Mahlzeiten bereits getroffen ist, werden hier die anderen Elemente und Inhalte des monastischen Lebens geregelt. Das Kapitel strukturiert den Tagesablauf, teilt die Stunden ein und weist ihnen die jeweilige Tätigkeit zu. Die unterschiedlichen Jahres- und Kirchenjahrszeiten finden die notwendige Berücksichtigung und bekommen ihre eigene Ordnung für den Sommer und für den Winter. Diese Regelung wird in RB 49 für die Quadragesima mit einer eigenen Zeiteinteilung ergänzt durch die Vorstellungen Benedikts über die spirituelle Gestaltung dieser „Kernzeit" des Kirchenjahres als intensive Vorbereitung auf das Pascha-Fest.

Mit RB 50 regelt Benedikt eine spezielle Frage zur Einhaltung der monastischen Zeiten. Er legt berechtigte Ausnahmen von der Teilnahme am gemeinsamen Stundengebet vor, etwa bei entfernten Arbeitsplätzen und bei Reisen, hält aber die grundsätzliche Verpflichtung fest. Nahtlos schließt sich die Ausnahmeregelung für die gemeinsamen Mahlzeiten in RB 51 an. Nicht zufällig beschließt RB 52 über das Oratorium des Klosters diese Kapitelgruppe. Dabei geht es nicht um die Architektur des Gebäudes, sondern um die Ehrfurcht vor Gott und um den Geist des Gebetes in der grundsätzlichen Haltung der Sammlung und Stille.

RB 53–57: Das Kloster in seiner Umwelt

Mit RB 53 über die Aufnahme der Gäste, das zu den zentralen und umfangreichen Kapiteln der Benediktusregel zählt, beginnt eine Kapitelfolge, die der Tatsache Rechnung trägt, dass das Kloster nicht isoliert in seiner Umwelt lebt, sondern durch vielfältige Kontakte ein Ort der Begegnung für die Menschen ist, die kommen, und eine zahlreiche Klientel auf dem Montecassino erkennbar ist. Die Einzelelemente der Gastaufnahme finden sich bereits in der voraufgehenden altkirchlichen und monastischen Tradition. Daraus entwickelt Benedikt eine Theologie und Spiritualität der Gastfreundschaft sowie eine Praxis des Fremdenaufnahme ganz eigener Prägung. Benedikt fügt sie aber eigenständig zusammen und befürwortet durch die uneingeschränkte Annahme des Fremden und die christozentrische Ausrichtung mit dem Zitat von Mt 25,35.

Es kommen nicht nur Menschen zum Kloster, sondern es werden auch Gaben und Geschenke gebracht. RB 54 regelt den Umgang mit Dingen, die dem Mönch von außen zugewendet werden. Im Rückgriff auf die Gütergemeinschaft ist die Annahme und Verwendung nicht in das Belieben des einzelnen gestellt, sondern wird geteilt. Damit der Mönch nicht abhängig ist von solchen Zuwendungen und von seiner Verwandtschaft greift RB 55 mit der Überschrift von „Kleidung und Schuhwerk der Brüder" das Thema auf und ergänzt es durch die Bestimmung, dass der Mönch letztlich alles, was er braucht, von der Gemeinschaft erwarten darf.

Das Thema der Gastfreundschaft wird in RB 56 mit der Mahlgemeinschaft am Tisch des Abtes ergänzt. Im Zusammenhang mit der Umwelt stellt RB 57 die wichtige Frage nach den Arbeitsbereichen, die zum Erwerb des Lebensunterhaltes ausgeübt werden, und legt für die Mönche ein hohes Arbeitsethos vor[19]. Den Verkauf der Erzeugnisse verbindet Benedikt mit Warnung vor Wucher und der Mahnung zum redlichen Umgang mit dem Erlös.

RB 58–61: Die Aufnahme in das Kloster

Mit der Regelung über die Aufnahme neuer Brüder steht RB 58 am Beginn einer Kapitelreihe, die sich mit den Menschen beschäftigt, die sich dauerhaft der Gemeinschaft anschließen wollen. Benedikt widmet den neuen Brüdern ein langes Kapitel, das aufmerksam macht auf die grundlegende Motivation des monastischen Lebens und einen langen Weg der Entscheidung vorsieht. Ziel ist die lebenslange Bindung an Christus in der Lebensgemeinschaft des Klosters. Durch die Wortwahl richtet es sich nicht nur an den Anfänger, sondern macht aufmerksam auf die Grundzüge des Mönchtums, die für den einzelnen Mönch wie für die ganze Gemeinschaft mit der Profess ein Leben hindurch gültig sind. Als Sonderfall nennt RB 59 die Aufnahme von Kindern, die von ihren Eltern in das Kloster gebracht werden. Vor allem zu einer christlichen Erziehung kennt die damalige Zeit solche Zugehörigkeit von Jugendlichen und Kindern im weiteren Umfeld der klösterlichen Gemeinschaft.

Im Zusammenhang der Aufnahmeordnung behandelt RB 60 die Frage nach Priestern, die Mönche werden wollen eher als Ausnahme, da das altkirchliche Mönchtum bewusst ein Laienmönchtum

19 Vgl. zur Notwendigkeit der Arbeit o. S. 143f.

sein will. Er geht mit der Aufnahme nicht so restriktiv um wie andere Regeln, zeigt aber dennoch im Vergleich mit RB 58 eine deutliche Reserviertheit gegenüber dem Klerikerstand. Thema ist insbesondere eine demütige Einordnung in die Gemeinschaft und die loyale Unterordnung unter den Laienabt. Ein weiteres Thema kommt in RB 61 zur Sprache, wenn fremde Mönchen im Kloster bleiben wollen. Es handelt sich um Brüder, die z. B. auf einer Pilgerfahrt sind oder nach einem Ort für ein strengeres monastisches Leben suchen. Ihnen gegenüber ist Benedikt sehr offen für ein dauerhaftes Bleiben, erwartet aber eine glaubwürdige Lebensführung.

RB 62–66: Die Rangordnung, Dienste und Ämter

Die Aufnahme neuer Mitglieder führt zu der Frage nach dem Platz, den sie in der Gemeinschaft einnehmen. Für die Priester bestimmt Benedikt in RB 62 dieselbe Einreihung in die Gemeinschaft wie für alle anderen ohne jede Privilegierung, außer bei den priesterlichen Funktionen im Auftrag des Abtes. Grundsätzlich wird die Rangordnung im Kloster in RB 63 geregelt und zwar nach dem Zeitpunkt des Eintritts. Damit entfallen alle altersgegebenen, gesellschaftlichen und sozialen Vorrechte. Eine Bevorzugung aufgrund äußerer Bedingungen gibt es nicht wegen der Gleichheit aller vor Gott. Entscheidend ist die Gleichwertigkeit und Gleichberechtigung aller Brüder.

Damit ist übergeleitet zum „Ersten“ in der Gemeinschaft, zum Abt, dem Benedikt mit RB 64 ein zweites Kapitel widmet und dabei RB 2 mit einem stark hierarchischen Gefälle korrigiert. Für die ‚demokratische‘ Wahl durch alle Brüder gelten ebenfalls keine weltlichen Maßstäbe, sondern Glaubwürdigkeit, geistliche Kompetenz und Menschenführung. Das spirituelle Profil des Abtes, das Benedikt in RB 64 vorlegt, ist geformt durch das Ideal des demütigen, behutsamen und doch klaren Oberen. Besonders hervorgehoben wird die Klugheit, die maßvolle Unterscheidung und die Barmherzigkeit. Dennoch weist Benedikt mit starken Worten wiederholt auf Gefährdung durch Machtmissbrauch hin. Nach der Wahl und der Amtsführung des Abtes spricht Benedikt in RB 65 vom „Zweiten“ im Kloster, dem Prior. Er steht diesem Amt eines „Stellvertreters“ deutlich zurückhaltend gegenüber und sieht zahlreiche Konflikte mit der Einsetzung eines Priors verbunden. Dennoch erkennt er die Notwendigkeit dieser Aufgabe auf Bitten von seiten der Gemeinschaft an und schärft das spirituelle Profil dieses Amtes.

Als ursprüngliches Schlusskapitel behandelt RB 66 verschiedene, aber aufeinander bezogene Themen. Zunächst spricht Benedikt über den wichtigen Dienst des Pförtners, der Aufgabe an der Schwelle zwischen Kloster und Außenwelt, und zeichnet sein geistliches Portrait. Daran schließt sich die Wahrung der Klausur als Beschränkung auf den klösterlichen Bezirk an. Abschließend weist er das häufige Vorlesen der Regel an, was in verschiedenen Mönchsregeln den eigentlichen Abschluss bildet.

RB 67–72: Zusammen leben in Liebe und Geduld

Als eine Art Nachtrag schließen sich die Kapitel RB 67–73 an. Man kann davon ausgehen, dass Benedikt sie angefügt hat, um verschiedene Themen zu vertiefen und zu ergänzen. Vor allem sind sie zusammenfassend bestimmt von der Weise des Miteinanders unter den Brüdern.

RB 67 ist durch Stichwortanschluss mit RB 66 verbunden. Bei der Betonung des Lebens im Bereich des Klosters wird die Frage nach Reisen der Brüder oder anderen Ausgängen unkompliziert geregelt. In Modifikation zu RB 5 mit einem strikten Gehorsamsverständnis legt RB 68 das Problem der Überforderung durch eine Anweisung vor. In einem intensiven Gesprächsprozess auf Augenhöhe wird eine Klärung gesucht. Falls sich keine Lösung abzeichnet, stärkt Benedikt die Bereitschaft und Geduld des Mönches, ohne den Dialog zu beenden.

Die Wahrung des Friedens in der Gemeinschaft ist Benedikt ein besonderes Anliegen. Daher lehnt er in RB 69 mit der Warnung vor der eigenmächtigen Bevormundung eines Bruders die ungerechtfertigte Parteinahme ab. Der Frieden und die Liebe in der Gemeinschaft dürfen, wie RB 70 festlegt, auch nicht verletzt werden durch eigenmächtige Bestrafung und Zornesausbrüche. Damit wird zugleich die Würde des einzelnen, gerade der Schwachen, respektiert und geschützt. Die brüderlichen Beziehungen formuliert RB 71 positiv und bestimmt sie durch den Gedanken des gegenseitigen Gehorsams als Ergänzung zu einem einseitig und absolut auf den Oberen bezogenen Gehorsamsbegriff wie in RB 5. Er ist zu verstehen in seiner Grundbedeutung als „aufeinander hören". Die Gesinnung der Dienstbereitschaft und der Versöhnung sind dafür gemäß der Weisung Jesu entscheidend.

Die große Synthese eines Lebens in brüderlicher Einmütigkeit, in Ehrfurcht und gegenseitigem Frieden bietet Benedikt in RB 72: „Vom guten Eifer der Mönche". Das Kapitel bildet den eigentlichen Abschluss der Mönchsregel als sein geistliches Testament[20], in dem er in kurzen Leitsätzen sein Ideal formuliert. Es sind Visionen gelebter Bergpredigt und des paulinischen Hohen Liedes der Liebe (1 Kor 13,1–8). Mitte des Kapitels ist das Motiv, mit dem Benedikt seine Spiritualität zusammenfasst und das die ganze Benediktusregel durchzieht: „Christus sollen sie überhaupt gar nichts vorziehen. Er möge uns miteinander zum ewigen Leben führen" (RB 72,11.12).

Der Epilog

Der Schluss der Benediktusregel mit RB 73 ist bestimmt durch den Gedanken des Anfangs und der Vollendung. Dazwischen liegt ein Weg, der sich ausrichtet auf das Ziel. Benedikt spricht es an mit dem Bildwort vom himmlischen Vaterland. Es geht aber nicht um einen Ort, sondern um den „geraden Weg zu unserem Schöpfer" (RB 73,4.8). Als Wegweiser für diesen „Aufstieg" nennt er seine eigenen Quellen vorrangig mit der Heiligen Schrift, dann mit den

20 Vgl. o. S. 84–86: Greg., Dial. 2,36: Die Niederschrift einer Mönchsregel.

Werken der Kirchenväter und des monastischen Schrifttums. Die eigentliche Wegbegleitung für den Mönch sind die Hilfe und der Schutz durch Christus: *adiuvante Christo – Deo protegente*. Darum schließt Benedikt seine Mönchsregel mit der Gewissheit: „Du wirst ankommen" (RB 73,8–9).

5. Gemeinsames Leben

Die Benediktusregel ist ein Dokument des Lebens in Gemeinschaft. Diese Intention zeigt Benedikt gleich zu Beginn, wenn er auf verschiedene Formen des Mönchtums hinweist, wie die Einsiedler oder umherziehende Kleingruppen. Er entscheidet sich bewusst für eine Lebensform, die er folgendermaßen kennzeichnet: „Die erste Art sind die Koinobiten: Sie leben als monastische Gemeinschaft und kämpfen unter Regel und Abt" (RB 1,2). Wenn Benedikt von der „ersten" Art der Mönche spricht, ist das nicht numerisch oder historisch zu verstehen. Für ihn ist damit die Priorität unter den möglichen Formen des Mönchtums ausgesprochen. Das Leben in Gemeinschaft ist die die bedeutendste und beste Möglichkeit. Benedikt verwendet dafür den Ausdruck Koinobiten oder Zönobiten. Er nimmt damit eine Bezeichnung auf, die auf die Anfangszeit des Mönchtums zurückgeht und sich vom Griechischen *koinos bios* herleitet, was nichts anderes bedeutet als ‚gemeinsames Leben'. Die biblische Basis ergibt sich mit den Sammelberichten der Apostelgeschichte (Apg 2,42–47 und Apg 4,32–35) über die Jerusalemer Gemeinde, die zum Modell schlechthin für das gemeinsame Leben wird mit ihrer Betonung der Gemeinschaft im Glauben und im Brotbrechen, der Einmütigkeit des Herzens und der Gütergemeinschaft. Die *koininia* ist keine Organisationsform, sondern der eigentliche Inhalt benediktinischen Mönchtums, Gemeinschaft zu leben nach dem Vorbild der Urgemeinde.

„Unter Regel und Abt"

Eine entscheidende Bestimmung dieses Mönchtums trifft Benedikt mit der Festlegung „unter Regel und Abt“ (RB 1,2). Damit sind die Grundkomponenten genannt, die Leben in Gemeinschaft ermöglichen. Als erstes ist die *regula* genannt, die Regel als Lebensordnung, die die Ideale festhält, die gemeinsamen Anliegen formuliert und die Ordnung für die verschiedenen Bereiche festlegt[21]. Die Leitung durch den Abt, dessen eigentliche Aufgabe in der Wahrung der Regel besteht und der als geistlicher Vater seine Brüder auf dem Weg des Heiles und der Gebote Gottes begleitet (vgl. RB Prol. 48f.).

„Suche den Frieden"

Benedikt ist Realist genug, um nicht von einer heilen Welt im Kloster auszugehen. Er sieht die Konflikte, benennt sie und will sie auf keinen Fall verdrängen. Sicher geht es ihm um Konfliktvermeidung, wichtiger aber noch ist die Suche nach Konfliktlösungen. So stellt er seine Gemeinschaft unter das Motto: „Suche den Frieden und jage ihm nach!“ (RB Prol. 17). Mit diesem Wort aus Ps 34,14 macht er das Bemühen um Frieden zu einem zentralen Thema benediktinischen Gemeinschaftslebens, dem alle verpflichtet sind. Das Schriftwort macht klar, dass der Friede immer wieder gefährdet ist und alle Anstrengung fordert. Diese Mahnung richtet sich vor allem an den einzelnen, bei sich anzufangen. Ein starkes Wort macht dieses Anliegen deutlich: „Den Streit nicht lieben“ (RB 4,68). Streitsucht bedroht den Frieden, und es ist in die Verantwortung des Mönches gestellt, seinem Zorn, seiner Erbitterung, seiner Unbeherrschtheit nicht nachzugeben.

Da ein Leben ohne Verletzung der Eintracht jedoch kaum möglich ist, mahnt Benedikt mit einer eigenen Weisung zur Friedenspflicht: „Bei einem Streit mit jemandem vor Sonnenuntergang

21 S. o. S. 88.

miteinander in den Frieden zurückkehren“ (RB 4,73). Die wörtliche Übersetzung macht ganz klar, wie Benedikt es meint: *cum discordante*, d. h. mit demjenigen, mit dem man zerstritten ist, gemeinsam in den Frieden zurückkehren. Hier findet ein Prozess der Versöhnung statt, der beide Kontrahenten verpflichtet. Jeder ist zum ersten Schritt gemahnt, und Benedikt erwartet die Bereitschaft zur Aussöhnung. Mit dem Sonnenuntergang ist nicht notwendig eine konkrete Tagesstunde oder ein bestimmter Zeitpunkt gemeint[22], da Versöhnungsprozesse länger dauern können. Wichtig ist jedoch, dass dieser Weg überschaubar ist und ein absehbares Ende findet, da sonst der *point of no return* erreicht wird. Wenn man schon nicht im Frieden bleiben kann, so kann man doch immer wieder „in den Frieden zurückkehren“. Diese einzigartige Formulierung ermutigt zur Bereitschaft zur Versöhnung und sich bei allen Rückschlägen nicht beirren zu lassen.

Es liest sich wie eine Vision, wenn Benedikt dieses Bemühen um den Frieden zusammenfasst in dem Satz: „So werden alle Glieder der Gemeinschaft im Frieden sein“ (RB 34,5). Dieser Satz steht im Zusammenhang der gerechten Zuteilung an alle, so wie es ein jeder braucht. Er weist darauf hin, dass Anspruchsdenken ebenso wie Neid, Missgunst und Eifersucht den Frieden gefährden. Vorsichtig formuliert er daher diese Gabe im Futur im Sinn des ‚paulinischen Vorbehalts’ als „schon und noch nicht“. Eine Gemeinschaft lebt nur im Frieden, wenn sie ihn jeden Tag neu einübt. Der Psalmist sagt das mit dem Vers: „Seht doch, wie gut und schön ist es, wenn Brüder miteinander in Eintracht wohnen“ (Ps 133,1).

Friede ist nicht das Ergebnis äußerer Ruhe oder Mangel an Anfechtung. Er ist zuerst die Verfasstheit des inneren Menschen. Es bleibt daher als wichtiges Kriterium Benedikts: „Der Mönch ist zufrieden“ (RB 7,49). Das ist keine Frage der Mentalität oder der Bedürfnislosigkeit, schon gar nicht der Resignation, sondern die grundlegende Bejahung seiner selbst, der Gemeinschaft und der

22 Vgl. Eph 4,26.

Beziehung zu Gott. Einen Hinweis gibt die Eingangssequenz im Prolog, wenn der Mensch angesprochen wird, der „das Leben will – *vult*" (RB Prol. 15). Der zufriedene Mönch braucht sich nicht mit anderen zu vergleichen und braucht keinen Bedeutungsvorsprung. Er hat gelernt, die Realität der Gemeinschaft zu akzeptieren, ohne notwendige Reformen und Veränderungen zu übersehen. Es geht um die konsequente Absage an die Erwartung, dass der Mensch sich die Wirklichkeit seines Lebens aussuchen kann, und, wenn sie anders ist, in Ersatz flüchtet. Sie ist ihm vielmehr „aufgetragen" in den Menschen und in den konkreten Dingen des Alltags. Zufriedenheit ist daher für Benedikt nicht ein Wort der Lebensweisheit, sondern der Beziehung zum Herrn d. h. im Frieden zu leben mit dem, was als sein Wille und seine Führung in unserem Leben und unsrem Alltag erkannt werden kann.

Vergebung und Versöhnung: Das Vaterunser

Die Wahrung des Friedens ist keine Selbstverständlichkeit und Versöhnung kann nur gelingen im Wissen, dass jeder sie nötig hat. Das ist der Anspruch der Vaterunser-Bitte: „Und vergib uns unsere Schuld, wie auch wir vergeben unseren Schuldigern" (Mt 6,12). Seit jeher wird der Kern christlicher Frömmigkeit im Gebet des Herrn[23] gesehen. Seine Bedeutung für die Gebetspraxis und für die Ethik kann nicht hoch genug eingeschätzt werden als Zusammenfassung des ganzen Neuen Testaments. Entsprechend dem Vaterunser leben heißt, dem Evangelium gemäß leben. Dies gilt in besonderer Weise von der Vergebungsbitte, da „die Dornen der Ärgernisse", wie Benedikt es in einem Bildwort ausdrückt, immer wieder neu verletzen, wofür er das starke Wort *scandala* wählt, da er um die Gefährdung des Friedens in der Gemeinschaft weiß.

Die Weisung des Evangeliums zur Vergebung und Versöhnung in der Gemeinschaft muss daher täglich verkündet, gehört und

23 Erste frühchristliche Überlieferung: Didach. 8,2.

erfüllt werden, so dass Benedikt das Vaterunser an den Eckpunkten des Tages in Laudes und Vesper laut vom Abt beten lässt (RB 13,12–14). Auch wenn der Obere das Gebet allein spricht, hören es alle und sollen es im Herzen mitbeten. Darin geschieht die Selbstverpflichtung, sich um den Frieden zu bemühen. Er traut dem Wort Gottes zu, dass es auf Dauer bewirkt, was es aussagt, wenn die Mönche sich ganz darauf einlassen. Dazu bedarf es ebenfalls der Bereitschaft eines jeden zur Übernahme von Verantwortung für den Frieden. Da dies nicht unbedingt gelingt, stellt Benedikt eine Bußordnung auf, die den Frieden sichern soll und Fehlverhalten und Verschulden nicht einfach übersieht[24].

Einander in Liebe dienen

Das Fundament, das in der Apostelgeschichte gelegt ist, muss im Alltag verwirklicht werden. Benedikt stellt nicht einfach Ideale auf, sondern weist in den normalen Alltagsituationen auf das eigentliche Anliegen hin: „Die Brüder sollen sich gegenseitig in Liebe dienen“, wie er in RB 35 über den „Wochendienst in der Küche“ sagt (RB 35,1.6). Mit dem Küchendienst ist gemeint das Kochen, das Auftragen der Speisen, das Bedienen bei Tisch, das Spülen, Putzen und Waschen. Doch stellt er nicht die praktischen Regelungen und die Funktionen der Brüder in das Zentrum des Kapitels, sondern das eigentlich Entscheidende ist die Gesinnung, mit der sie ihre Aufgabe verrichten. Mit dem Wort „dienen“ verwendet Benedikt einen Leitbegriff seiner Spiritualität, der erst ganz verständlich und in seiner Tiefendimension erkennbar wird auf dem Hintergrund der Heiligen Schrift.

Die Grundhaltung der Brüder untereinander muss die Bereitschaft des Dienens sein. Benedikt weist damit zurück auf seine Deutung des Klosters als lebenslange „Schule für den Dienst des Herrn“ (RB Prol. 45). In seiner Sicht bedeutet das, dienen zu lernen, wie der

24 S. dazu o. S. 104f.: Umgang mit Schuld und Verfehlungen.

Herr gedient hat. Der entscheidende Impuls ist das Beispiel Christi: „Wer bei euch groß sein will, der soll euer Diener sein, und wer bei euch der Erste sein will, soll euer Sklave sein. Denn auch der Menschensohn ist nicht gekommen, um sich bedienen zu lassen, sondern um zu dienen und sein Leben hinzugeben als Lösegeld für viele" (Mt 20,26–28). Dies gilt in besonderer Weise von dem großen Zeichen der Fußwaschung (Joh 13,1–11), die Benedikt als wöchentliche Handlung für die ganze Gemeinschaft einführt (RB 35,9). Damit gehen die Brüder in ihrem alltäglichen Dienst aneinander und füreinander den Weg des dienenden Christus.

Gegenseitig

Wie ein roter Faden zieht sich für die Bereitschaft zum Dienen das unscheinbare Wort „gegenseitig, wechselseitig" durch die Regel. Diese Gegenseitigkeit sichert, dass nicht einseitig an eine Gruppe im Kloster oder einzelne Mönche Anforderungen gerichtet und Lasten aufgeladen werden. Jedem wird die Verantwortung zugewiesen, die er entsprechend seinen Möglichkeiten übernehmen muss. Niemand soll darauf warten, dass der andere den ersten Schritt tut, sondern sich freiwillig zur Verfügung stellen. In der gegenseitigen Achtung, in der gegenseitigen Wahrnehmung und in der gegenseitigen Hilfe wächst das Zeugnis eines gemeinsamen Lebens aus dem Evangelium. Davon ist niemand dispensiert. Auch wenn Benedikt Lasten nicht einseitig verteilt sehen will, ist die Wechselseitigkeit kein Begriff der Reihenfolge, sondern der Solidarität. Diese Gegenseitigkeit wartet nicht ab und ist unabhängig davon, wie sich die anderen verhalten. Diese Haltung appelliert an einen hohen ethischen Standard der Einzelnen wie auch des gesamten Systems.

Mit Wertschätzung und Hochachtung

Kaum ein Wort signalisiert in der Benediktusregel so umfassend die Grundhaltung wie das Wort *caritas*. Es bestimmt die Beziehung unter den Brüdern und die Einstellung zueinander und ist das Kennzeichen jeden Dienstes und aller Aufgaben und Ämter im Kloster. Bei diesem Schlüsselwort Benedikts ist die Weisung des Paulus unüberhörbar: „Dient einander in Liebe!" (Gal 5,13).

Die Übersetzung mit ‚Liebe' wird allerdings der Bedeutung nicht ganz gerecht, da das lateinische Grundwort nicht die emotionale Breite hat, die sonst damit verbunden ist. In Ableitung von „wert sein, kosten" meint Benedikt nicht gefühlsmäßige Zuneigung, sondern die Wertschätzung des anderen und die Bereitschaft durch Dienstbereitschaft und Zuwendung. DAs Wort *caritas* entspricht dem griechischen neutestamentlichen *agápe*. Einer der biblischen Basistexte findet sich im Hohen Lied der Liebe in 1 Kor 13. Die Liebe lässt sich die Gemeinschaft etwas kosten und bewährt sich in der Übernahme von Pflichten und Aufgaben. Sie ist geprägt durch Selbstlosigkeit und Verfügbarkeit und verwurzelt im Beispiel Christi, der die Seinen liebte bis zur Vollendung (vgl. Joh 13,1). So soll sich in der monastischen Bruderschaft das altkirchliche Wort bewähren: „Seht, wie sie einander lieben"[25].

Nicht traurig sein

Die Atmosphäre, die in der Gemeinschaft spürbar sein soll, umschreibt Benedikt mit einer Weisung, die refrainartig vorkommt: „Niemand soll verwirrt und traurig (gemacht) werden im Hause Gottes"[26]. Diese Kennzeichnung ist charakteristisch für Benedikt und sagt Grundsätzliches über das gemeinsame Leben. Die praktischen Regelungen und die ganze Gestaltung des Alltags sollen davon durchdrungen sein. Vor allem der Umgang miteinander muss so sein, dass alle Traurigkeit vermieden wird. Wer Verantwortung hat, muss sie so ausüben, dass er die Brüder nicht betrübt (RB 31,6). Wer Hilfe bei der Arbeit braucht, soll sie erhalten, damit

25 Tertull., Apol. 39,6.
26 RB 31,19; 31,6.7.19; 27,3; 35,4; 36,4; 48,7; 54,4.

er seine Aufgabe verrichten kann „ohne traurig zu werden“ (RB 35,3). Wem etwas nicht gewährt oder gegeben werden kann, soll der Bruder nicht traurig sein (RB 34,1; 54,4). Aber auch, wer sich verfehlt hat oder schuldig geworden ist, darf nicht „in allzu große Traurigkeit versinken“ (RB 27,3).

So tritt noch ein Element hinzu, wenn Benedikt das Trösten betont: „Sie sollen ihn trösten“ (RB 27,3). Trost hat eine emotionale und atmosphärische Komponente im Sinn von jemandem Trost oder Mut zusprechen, ermutigend aufrichten, etwas lindern und erträglich machen. Dennoch ist mit Trost kein Vertrösten und kein Bagatellisieren gemeint oder gefühlsmäßige Anteilnahme. Die weitere Bedeutung bei Benedikt meint helfen, Hilfe und Beistand, wobei hingewiesen ist auf die praktische Hilfe und notwendige Unterstützung, die im Zusammenleben der Brüder eine hohe Bedeutung hat.

Solidarische Gemeinschaft

Schwache und Starke

Der Blickwinkel der *discretio* umfasst die unterschiedlichen Lebenssituationen der Brüder. Immer wieder spricht Benedikt ohne Wertung von den Schwachen in der Gemeinschaft und sieht ebenfalls die Starken. Dabei kann man nicht von festen Gruppen sprechen, da jeder in bestimmten Situationen zu den Schwachen und in anderen zu den Starken gehören kann. Zudem ist der Begriff der *infirmi* bei Benedikt sehr umfangreich und bezeichnet zahlreiche prekäre Lebenslagen. Dabei tut sich ein weites Feld auf von körperlichem Unvermögen, Krankheiten, Gebrechen und Alter, aber ebenso menschliches Versagen und Unzulänglichkeiten, Charakterfehler, Nachlässigkeit, Versäumnisse und Schuld. Ihnen wendet Benedikt besondere Sorgfalt und Umsicht zu. Die Sorge für die Schwachen legt Benedikt in besonderer Weise dem Oberen ans Herz. Für alle Brüder aber gilt, jede Überforderung zu vermeiden:

„Wenn ich meine Herden unterwegs überanstrenge, werden alle an einem Tag zugrunde gehen" (RB 64,28; Gen 33,13).

Ausdrücklich definiert Benedikt die Gemeinschaft als einen geistlichen Ort, der so beschaffen sein muss, „damit zum einen die Starken finden, wonach sie verlangen, andererseits die Schwachen nicht die Flucht ergreifen" (RB 64,19). Mit dieser individuellen Berücksichtigung nimmt Benedikt einen entscheidenden Zug der paulinischen Botschaft auf[27]. Der paulinische Realismus, der sich darin ausdrückt, zielt ab auf die gegenseitige Akzeptanz und auf den Frieden in der Gemeinde. Der Appellcharakter dieser Stellen findet im Mönchtum naturgemäß seine Resonanz.

Aber die Schwachen werden nicht einfach versorgt und damit bevormundet. Sie sind nicht grundsätzlich von allem dispensiert. Auch hier hat Benedikt die eigene Verantwortung im Blick. Was ihnen möglich ist, sollen sie verrichten. Ihnen wird nicht alles abgenommen, sondern es „werde ihnen eine passende Beschäftigung oder ein geeignetes Handwerk zugewiesen; sie sollen nicht müßig sein, aber auch nicht durch allzu große Last der Arbeit erdrückt oder sogar fortgetrieben werden" (RB 48,23–24).

Auch die Starken müssen die für sie passenden Möglichkeiten haben, wie gesagt: „... damit die Starken finden, wonach sie verlangen" (RB 64,19). Nur an dieser Stelle spricht er von den Starken Sie sollen den monastisch-asketischen Rahmen haben, den sie wünschen. Bei ihnen muss Unterforderung vermeiden werden. Indirekt nennt Benedikt sie, wenn er von denen spricht, die „weniger brauchen" oder sich von Wein enthalten (RB 34,3; 40,4).

Die Kranken

Für die Qualität einer Gemeinschaft ist die Betreuung der Kranken ein wichtiger Faktor. Benedikt stellt in einem eigenen Kapitel Kriterien für den Umgang mit ihnen auf: „Die Sorge für die Kranken muss vor und über allem stehen: man soll ihnen so dienen,

27 Z.B. Röm 15,1; 1 Kor 8,10; 2 Kor 11,29.

als wären sie wirklich Christus; hat er doch gesagt: Ich war krank, und ihr habt mich besucht" (RB 36,1–2). Er erinnert an das Wort Jesu aus der Gerichtsrede und motiviert damit den Dienst an den Kranken. Vor allem nimmt Benedikt ihre Krankheiten ernst. Ihnen wird ein Höchstmaß an Pflege zugewandt. Erleichterungen, die ihnen helfen und ihre Genesung voranbringen, werden großzügig gewährt, wobei Bäder und Verpflegung weit über das Maß des Üblichen hinausgehen. „Man biete den Kranken an, was ihnen guttut" (RB 36,8). Die Brüder, die für ihre Pflege eingesetzt sind, sollen dies im Geist des Evangeliums tun.

Aber auch die Kranken bleiben Mönche und damit dem monastischen Konsens verpflichtet. Benedikt sieht sie als mündige Menschen an, die in ihrer Situation daran erinnert werden: „Sie sollen ihre Brüder, die ihnen dienen, nicht durch übertriebene Ansprüche traurig machen" (RB 36,4). Besonders an dieser Stelle wird deutlich, dass Benedikt die Verantwortung niemals einseitig nur einer Gruppe, sondern jedem einzelnen im Rahmen seiner Möglichkeiten zuweist, das zu tun oder zu unterlassen, was nötig ist und sich so zu verhalten, wie es angemessen ist. Die Ausgewogenheit des gemeinsamen Lebens tritt klar hervor, wenn bei ganz unterschiedlichen äußeren Bedingungen alle unter demselben geistlichen Anspruch stehen. So weist Benedikt auch den Schwachen und Kranken ihre jeweilige Verantwortung zu. Ihr Anteil kann keine schwere Arbeit oder eine feste Aufgabe sein, aber ihnen ist aufgetragen, durch Geduld und Annahme ihre Brüder, die sie pflegen, nicht unnötig zu belasten (vgl. RB 36,4).

Alte und Junge

Die Frage nach dem Zusammenleben der Generationen stellt sich auch im Kloster Benedikts. Diesem heiklen Thema widmet er ein eigenes Kapitel (RB 63). Schon zu Beginn seiner Regel stellt er den Leitsatz auf: „Die Älteren ehren, die Jüngeren lieben" (RB 4,70–71). Der Umgang miteinander steht unter der Weisung zu Respekt und Ehrfurcht voreinander. Das bestätigt sich in den Anordnungen, die das gegenseitige Verhalten betreffen. „Die Jüngeren sollen also ihre Älteren ehren, die Älteren ihre Jüngeren lieben" (RB 63,10). Benedikt schärft den Jüngeren Anstandsformen und Höflichkeitsbezeigungen ein, die Alten erinnert er an die Liebe. Mit „lieben" bestimmt Benedikt den nachsichtigen, verständnisvollen und gütigen Umgang der ‚Alten' mit den ‚Jungen'. Es handelt sich um mehr als um gesellschaftliche Konventionen in einem rauen Milieu. Auch geht es nicht nur um eine Kultur der Höflichkeit, sondern jeder ist einbezogen in die Ehrerbietung, die im anderen Christus sieht.

Dieser Abschnitt der Benediktusregel ist bestimmt vom Leitbegriff der Ehrfurcht und unterstreicht die Brüderlichkeit. Das zeigt sich in der gegenseitigen Anrede, bei der Benedikt die bloße Namensnennung vermieden wissen will und eine Art Ehrentitel vorschreibt: „Die Älteren sollen ihre Jüngeren ‚Bruder' nennen" (RB 63,12). Benedikt erinnert damit an den biblischen Sprachgebrauch, wo die Getauften Brüder sind, und sieht sie auf Augenhöhe[28]. So wird deutlich, dass das urchristliche Gut des gemeinsamen Bruderseins alle verbindet und eint. Die Jüngeren verwenden die Anrede ‚*nonnus*', was soviel wie „ehrwürdiger Vater" heißt, (vgl. RB 63,12) und anerkennen und wertschätzen so die im Glauben und in der monastischen Lebensform. Die Jungen weist Benedikt an, den Vorrang von Erfahrung und Lebensbeispiel zu respektieren durch Formen der Ehrbezeugung und des rücksichtsvollen Verhaltens (RB 63,15–16). Mehr noch, der junge Mönch bittet den älteren um den Segen und anerkennt sein Glaubenszeugnis. Durch den Segen werden die alten Brüder für die jungen zu Vermittlern des Heils.

Umfassende Fürsorglichkeit lässt die Benediktusregel erkennen für die Gebrechen des Alters. Auch im Kloster Benedikts gibt es altgewordene Brüder, die Schonung und Ausnahmen benötigen.

28 Z.B. Apg 1,16; Röm 8,29; 1 Kor 15,58.

Ausdrücklich setzt sich Benedikt dafür ein, ihnen jede Erleichterung zukommen zulassen. Das monastische Regelwerk kann für sie kein Maßstab mehr sein, doch sie bleiben in der Gemeinschaft und in ihren Lebensvollzügen. „Zwar neigt der Mensch schon von Natur aus zu barmherziger Rücksicht auf die Lage der Alten ...; doch soll auch durch die Autorität der Regel für sie gesorgt sein. Immer achte man auf ihre Schwäche. Man schenke ihnen Güte und Verständnis“ (RB 37,1–3). Insbesondere die Einhaltung der Fastenpraxis setzt Benedikt für diese Brüder aus und entgegen dem asketischen Brauch werden für sie die Zwischenzeiten deutlich verkürzt.

Geradezu revolutionär sind die Anmerkungen Benedikts zum Umgang mit den jungen Mönchen. Er verfährt entgegen der nahezu absoluten Hochschätzung des Alters in der römischen Gesellschaft nach dem Prinzip der Alten Kirche, wo die Überwindung der natürlichen Altersstufen durch den Gedanken der Neuschöpfung in Christus und der Gleichheit aller betont wird. Von besonderer Bedeutung ist dabei die Weisung Benedikts, die Jüngeren an der Beratung in der Gemeinschaft gleichberechtigt zu beteiligen: „Dass aber alle zur Beratung zu rufen sind, haben wir deshalb gesagt, weil der Herr oft einem Jüngeren offenbart, was besser ist“ (RB 3,3). Benedikt rechnet damit, dass der Geist Gottes dem jungen Bruder eingibt, sogar offenbart, welche Entscheidung für die Gemeinschaft richtig ist.

6. Die Vision des gemeinsamen Lebens: RB 72

In gegenseitiger Achtung zuvorkommen

Als sein geistliches Testament verfasst Benedikt RB 72, ein Kapitel, das die Vision des gemeinsamen Lebens entwirft. In einer Reihung programmatischer Sätze trägt er sein Anliegen vor. Einer dieser Sätze lautet: „Sie sollen einander in gegenseitiger Achtung zuvorkommen“ (RB 72,4), der zurückgeht auf die Weisung des Paulus zur gegenseitigen Ehrerbietung: „Übertrefft euch in gegenseitiger

Achtung" (Röm 12,10). Diese Achtung respektiert die Würde des Bruders, die er in den Augen Gottes besitzt. Vielfach spricht Benedikt vom ehrerbietigen und achtungsvollen Umgang untereinander. Diese Ehrfurcht vermeidet Verachtung und Kränkung, besonders in schwierigen Situationen, und ist umfassend, so dass sie allen Menschen entgegengebracht werden muss. Schon zu Beginn der Regel lässt sie sich in RB 4,8 als Leitmotiv ausmachen: „Alle Menschen ehren."

Eine besondere Bedeutung hat diese Haltung im Miteinander der Generationen. Von den Jungen erwartet Benedikt, dass sie die Älteren ehren, und an die Älteren ergeht die Weisung, die Jüngeren zu lieben. Ältere und alte Menschen sind nicht Objekte der Versorgung und Pflege, sondern Adressaten der Ehrfurcht, der Zuwendung und Hilfe. Ebenso gilt aber im Umgang mit den jungen bzw. jüngeren Menschen, dass sie nicht einfach Objekt der Erziehung und Lückenbüßer sind, sondern Subjekt einer Beziehung, Menschen, die der Herr der klösterlichen Gemeinschaft anvertraut hat (RB 4,70–71; RB 63,10–17).

... mit unbeirrbarer Geduld

Das Verhalten zu einander wird verstärkt durch einen weiteren Leitsatz aus dem geistlichen Testament Benedikts: „Ihre körperlichen und charakterlichen Schwächen sollen sie mit unbeirrbarer Geduld ertragen" (RB 72,5). Die Tatsache körperlicher, psychischer und persönlicher Schwächen ist eine Herausforderung, der Benedikt durch den geduldigen Umgang begegnen will. Er versteht Geduld nicht als Dauerschleife, sondern als einen Lernweg, den der einzelne für sich findet, um mit entsprechenden Herausforderungen umzugehen, ohne zu resignieren. Dies soll nicht als eine ständig quantitative Steigerung, als „immer länger" verstanden werden, sondern als Standhaftigkeit und Zuverlässigkeit. Die Motivation solcher Bereitschaft schöpft Benedikt aus 1 Kor 13,7, wo „alles ertragen" nicht bedeutet, alles zu erdulden, vielmehr die Fähigkeit des Dabeibleibens und Durchtragens anspricht. Geduld ist der Gegentrend zum Flüchten. Bereits im Prolog ermutigt Benedikt den Mönch, bei Herausforderungen nicht die Flucht zu ergreifen (RB Prol. 48). Für Benedikt ist die Geduld eine der entscheidenden Grundhaltungen, um monastisches Leben im Alltag zu bestehen.

… mehr das Wohl des anderen

Das bestätigt sich auch mit dem Satz: „Keiner achte auf das eigene Wohl, sondern mehr auf das des anderen" (RB 72,7). Das vorangestellte „keiner" unterstreicht, dass der Aufruf allen gilt und niemand dispensiert ist. Was Benedikt damit vorlegt, ist eine klare Absage an eine Beschaffungsmentalität und an Eigennutz. Auch Paulus dringt in seinen Gemeinden auf die Uneigennützigkeit im Umgang miteinander. Die Radikalität Benedikts wird vor allem deutlich, wenn er betont, dass man sich „mehr" um die anderen kümmern, als auf den eigenen Vorteil schauen soll. Dieses „mehr" fehlt bei Paulus. Benedikt fordert nicht, immer und überall von sich abzusehen. Dazu sprechen zu viele Stellen der Regel von den berechtigten persönlichen Bedürfnissen des einzelnen. Aber es wird deutlich, wie wichtig es ist, jeden der Mönche frei zu wissen von Selbstsucht und fähig zur Hingabe.

7. Die Leitung des Klosters: Der Abt

Die monastische Lebensgemeinschaft ist gegliedert. Das bedeutet kein absolutes hierarchisches Gefälle im Sinn einer gesellschaftlichen Ordnung, sondern alle haben ihre gleichwertige Bedeutung, aber es gibt unterschiedliche Beauftragungen. Die Aufgabe der Leitung ist dem Abt übertragen, der von der ganzen Gemeinschaft gewählt ist (RB 64,11). Damit kommt das Bild einer Persönlichkeit in den Blick, an die Benedikt hohe Erwartungen richtet. Mit dem Titel „Abt" weist er ihn zurück auf die Anfänge des

Mönchtums, wo der weise und charismatische Mönch als *abba* – Altvater angeredet wurde und durch Wort und Lebensbeispiel geistliche Führung ausübte. Er ist gekennzeichnet durch Gebetseifer, Unterscheidung der Geister, Herzenskenntnis und die Gabe der Schriftauslegung. Die Entstehung des Mönchtums als Laienbewegung gibt von Anfang an dem *abba*, dem charismatisch begabten Vater des Klosters, eine verantwortungsvolle Stellung. Für die Leitung der Gemeinschaft ist keine priesterliche Vollmacht notwendig. Dazu genügt die geistgeschenkte Befähigung des Laien-Abtes. So geht auch die Benediktusregel davon aus, dass der Abt ein Laie ist, der nicht durch klerikale Ordination, sondern aufgrund der Wahl durch die Brüder seinen Leitungsdienst ausübt.

Wie er sein soll

Die erste Bestimmung, die Benedikt trifft, kann als geistliches Profil bezeichnet werden: „Wie der Abt sein soll" (RB 2 Titel). Damit ist ein entscheidender Hinweis auf die Sicht des Amtes gegeben. An erster Stelle steht das Sein, nicht das Können, die menschliche und geistliche Glaubwürdigkeit, die Lebensführung und Weisheit, und sich als Dienst versteht. Benedikt setzt allerdings als selbstverständlich voraus, dass der Abt Fähigkeiten haben und Funktionen erfüllen muss, die zur Bewältigung eines solchen Amtes notwendig sind. Damit entwickelt er zugleich ein hohes Anforderungsprofil.

Eine wichtige Deutung des äbtliches Dienstes gibt Benedikt mit der missverständlichen Aussage vom „Stellvertreter Christi – *vices Christi*" (RB 2,2). Das ist kein Würdetitel und besagt keinen Vorrang, erst recht keine persönliche Machtoption. Der Dienst des Abtes besteht darin, in der Gemeinschaft die Einheit und Einmütigkeit zu wahren ohne Spaltungen oder Parteiungen und so stellvertretend das Anliegen Christi verwirklichen: „Alle sollen eins sein. ... So sollen sie vollendet sein in der Einheit" (Joh 17,21f).

Leben und Lehre

Der Abt ist als Lehrer in der Auslegung der Heiligen Schrift und in den Weisungen für seine Gemeinschaft, allein auf das Wort Gottes verpflichtet, das ihn selber unter die Übereinstimmung von Lehre und Leben stellt. In eindringlichen Worten warnt Benedikt den Abt davor, dass Wort und Tat bei ihm nicht miteinander in Einklang stehen (RB 2,11–13). Der Ernsthaftigkeit im Umgang mit dem Amt dient auch der wiederholte Hinweis auf die Rechenschaft vor Gott, die immer bewusst sein muss und einen starken Appell an die letzte Verantwortung des Abtes darstellt (RB 2,34 u.ö.). Er soll im ständigen Wissen um den wiederkommenden Herrn leben.

Der Eigenart vieler dienen

Eine entscheidende Grundhaltung sieht Benedikt in der *discretio*, der klugen Unterscheidungsgabe und weiser Menschlichkeit, die einfühlsam den unterschiedlichen Situationen zu entsprechen weiß. „Er muss wissen, welch schwierige und mühevolle Aufgabe er auf sich nimmt, Menschen zu führen und der jeweiligen Eigenschaft vieler zu dienen" (RB 2,31). Solche Anpassung bedeutet nicht Nachgiebigkeit, sondern die angemessene Reaktion auf Fähigkeiten und Schwachstellen der Brüder.

Mehr helfen als herrschen

In seinem zweiten Abtskapitel klärt Benedikt das geistliche Profil des Abtes. An mehreren Schlüsselsätzen ist die eigentliche Bedeutung des Leitungsamtes ablesbar: „Er muss wissen, dass er mehr helfen als herrschen soll" (RB 64,8). Der Abt muss sich der grundsätzlichen Versuchung zur Willkür bewusst sein, die Benedikt ausdrücklich als *tyrannis* charakterisiert (RB 27,6). Sein Auftrag ist es, Fürsorge walten zu lassen und die Haltung der dienenden Liebe in den Mittelpunkt zu stellen. Die Weisung hat ihre Wurzeln in der

Mahnung Jesu an den Jüngerkreis, sich nicht wie die Herrscher und Mächtigen dieser Erde aufzuführen (Mt 20,25–26).

Mehr geliebt als gefürchtet

Das konkretisiert Benedikt in einem weiteren Leitsatz. Der Abt muss sich fragen, ob er „mehr geliebt als gefürchtet werden" will (RB 64,15). Dieser Sentenz liegt eine antike Herrschermaxime zugrunde, die sich gegen eine Herrschaft mit harter Hand wendet und für das christliche Bischofs- und Abtsbild übernommen wird[29]. Das bedeutet nicht, dass er sich einschmeicheln oder beliebt machen soll, alles übersehen und nachgiebig sein soll. Notwendig ist, sich zu prüfen, ob seine innere Haltung der des antiken Tyrannen oder des liebenden Vaters entspricht.

Die Fehler hassen, die Brüder lieben

Diesen Schlüsselsatz muss der Abt ebenfalls beherzigen: „Er hasse die Fehler, er liebe die Brüder" (RB 64,11). Das „Hassen" ist im biblischen Sinn zu verstehen als Ablehnung aller Sünde und Gottferne, aber nicht des schuldigen Menschen. Ebenso geht das „Lieben" auf die biblische Wurzel zurück. Es meint die grundsätzliche Zustimmung zum Menschen ohne Richten und Verurteilen. Maßstab ist die Barmherzigkeit, die sich ausrichtet an der Barmherzigkeit Gottes (vgl. Lk 6,36; RB 64,10). Die Unterscheidung zwischen dem Menschen und seinen Taten ist immer eine Gratwanderung, bleibt aber Grundgebot jeder geistlichen Begleitung und Menschenführung. Benedikt greift hier auf die Weisung des Augustinus für das Bischofsamt zurück wie schon bei dem vorausgegangenen Merksatz.

29 Ambr., Off. 2,38: *Ideo David ... et diligi a subiectis quam timeri malui;* Aug., Praec. 7,3: *tamen plus a vobis amari adpetat quam timeri;* Hil.Arl., Vita Hon. 28,2: *Studebat praeterea amore potius regere quam terrore dominari;* 17,8 *vel amari ... vel timeri;* Ferrand., Vita Fulg. 58: *pro caritate nec pro potestate.*

Die eigene Gefährdung

Der Abt bleibt als Mensch verführbar und anfällig für Anfechtung und Versuchung, von denen Benedikt in Bezug auf die Person des Oberen auffallend häufig in seiner Regel spricht. In diesem Kontext ist die Mahnung Benedikts einzuordnen: „Stets rechne er mit seiner eigenen Brüchigkeit", die Benedikt mit starken Wort *fragilitas* als *conditio humana* kennzeichnet (RB 64,13). Auch der Abt ist nicht verschont von Fehlverhalten und Versagen, von Verletzungen und Wunden (RB 2,40; 46,5). Dieser Selbsterkenntnis muss er sich stellen, da sie eine der wichtigsten Voraussetzungen für ein Leitungsamt ist. Das Wissen darum hat einen großen Einfluss auf die Art und Weise seines Umgangs mit den Brüdern.

8. ... und seine Helfer

Der Abt kann seine Aufgabe nicht allein bewältigen. Die Benediktusregel sieht eine Vielzahl von „Helfern" vor, die den Abt nach dem Prinzip der Delegation unterstützen und die Belange der Gemeinschaft regeln: „Es sollen solche Brüder ausgewählt werden, mit denen der Abt „seine Last unbesorgt teilen kann" (RB 21,3), wie das Beispiel des Mose zeigt: „Entlaste dich, und teile die Last mit anderen" (Ex 18,22). Die Zuweisungen von Diensten und Aufgaben an bestimmte Brüder berücksichtigt ihre vorbildliche Lebensführung, aber immer ebenso ihre fachlichen Kompetenzen. Auch wenn sie in Absprache mit dem Abt handeln, sind sie in ihrer Amtsausübung selbstständig und dem Ganzen der Gemeinschaft verpflichtet. So entstehen flache Hierarchien, die die Organisation und Regulative des Alltags erleichtern, aber ebenso den persönlichen Umgang stärken.

Der Prior

Einem Stellvertreter des Abtes, dem „Zweiten" im Kloster, steht Benedikt skeptisch gegenüber (RB 65). Nur schwer kann er sich dazu entschließen, das Amt zu besetzen. Er sieht zu sehr die Möglichkeit eines konkurrierenden Machtmissbrauchs, der aus einer nahezu unangefochtenen Position entstehen kann. So führt er in diesem Kapitel eine breite Palette des Konflikt-Vokabulars an mit nahezu allen Begriffen, die bereits das Neue Testament verwendet, um die Realität von Unfrieden, Zwietracht und Untergang zu beschreiben. Dennoch entschließt er sich auf Bitten der Gemeinschaft zur Einsetzung eines Priors. Oberstes Gebot ist die „Wahrung des Friedens und der Liebe“ (RB 65,11).

Die Dekane

Benedikt favorisiert das Dekanie-System ausdrücklich gegenüber der Einsetzung eines Priors und misst den Brüdern, die er als Dekane bezeichnet, größte Bedeutung zu (RB 21). Sein Argument besteht darin, dass die Verteilung von Verantwortung auf mehrere verhindert, dass ein einziger sich unentbehrlich fühlt und seine Macht als Privileg ansieht (vgl. RB 65,12f.).

Die Dekane übernehmen die Sorge für je eine Gruppe von Mönchen. Dabei stehen ihre Lebensbewährung und Glaubwürdigkeit im Mittelpunkt. Mit Bedacht und Umsicht sollen sie für ihre Brüder da sein, und sich ihrer Verantwortung vor Gott und für die ihnen anvertrauten Menschen immer bewusst sein. Ihr Amt weist hin auf den Dienst der Diakone in der Apostelgeschichte (vgl. Apg 6,3–4).

Der Cellerar

Eine besonders umfangreiche Aufgabe delegiert Benedikt an den Cellerar (RB 31). Er ist zuständig für alle materiellen Belange des Klosters und die Versorgung der Gemeinschaft. Er tut dies mit Beauftragung durch den Abt und in Absprache mit ihm. Mit großer Sorgfalt bestimmt Benedikt die Eigenschaften, die der Verwalter haben muss, damit er mit seiner Machtfülle im Geist des Evangeliums umgehen kann. Im Mittelpunkt stehen auch hier wie beim Abt nicht seine Funktionen, sondern ‚wie er sein muss': „... weise, von charakterlicher Reife und besonnen, nicht maßlos im Essen, nicht überheblich, nicht aufbrausend, nicht verletzend, nicht säumig, nicht verschwenderisch, vielmehr gottesfürchtig und für die ganze Gemeinschaft wie ein Vater" (RB 31,1–2). Seine Fürsorge gilt in erster Linie den Schwachen und Hilflosen.

Im Umgang mit den Brüdern muss sich seine Ausrichtung an der Heiligen Schrift bewähren. Vor Herablassung und Überheblichkeit muss er sich hüten und darf die Brüder nicht von sich abhängig machen. „Vor allem habe er Demut. Kann er einem Bruder nichts geben, dann schenke er ihm wenigstens ein gutes Wort. Den Brüdern gebe er das festgesetzte Maß an Speise und Trank ohne jede Überheblichkeit oder Verzögerung, damit sie nicht Anstoß nehmen" (RB 31,13.16). Er ist zur Begründung verpflichtet, wenn er etwas verweigern muss, (RB 31,7). Der gute und kluge Knecht im Gleichnis des Evangeliums steht ebenso im Hintergrund wie die Umsicht und Güte des ägyptischen Josef[30].

Der Cellerar ist nicht Herr über die Brüder und über den Besitzstand des Klosters, sondern Hausherr bleibt Christus selber. Seine Sorgfaltspflicht gilt daher in demselben Maß auch den Werkzeugen und Gerätschaften Klosters. Benedikt spricht das mit einer ungewöhnlichen Formulierung aus: „Alle Gegenstände und den ganzen Besitz des Klosters sehe er an wie heilige Altargefäße" (RB 31,10). Der ehrfürchtige Umgang mit Menschen und Dingen ist Bewahrung der Schöpfungsordnung und der Nachhaltigkeit macht deutlich, dass alles Christus übereignet ist.

Die „Älteren"

Weitere Unterstützung erfährt der Abt von den *seniores*. Sie werden in der Benediktsregel in sehr unterschiedlichen Zusammen-

30 Vgl. Mt 24,45; Gen 41,48.

hängen genannt, ohne dass es sich um ein festes Amt handelt. Das Wort bedeutetet zwar „Ältere", ist aber keine Altersangabe. Die *seniores* sind erfahrene, bewährte und im monastischen Leben gereifte Mönche, was nicht von der Zahl der Lebensjahre abhängig sein muss. Sie sind Vorbild durch eine glaubwürdige Existenz. Ihnen sind die Wahrung der Ordnung und die Bewahrung vor geistlichem Schaden zugewiesen. Im Verhältnis der Generationen und in schwierigen Situationen der Gemeinschaft kommt ihnen eine ausgleichende, vermittelnde und begleitende Funktion zu.

Für die geistliche Begleitung ist nicht der Abt allein und ausschließlich zuständig. Benedikt weist ausdrücklich auf die *seniores spiritales*, die geistlichen Väter hin, denen gegenüber sich der Mönch bei Belastungen öffnen kann. Ein solcher *senior* „versteht es, eigene und fremde Wunden zu heilen, ohne sie aufzudecken und bekannt zu machen" (RB 46,5–6). Sie sind fähig zu einem sensiblen Vorgehen, das die Heilung des Bruders von den Verletzungen und Verwundungen des Lebens ermöglicht. Notwendig ist vor allem Herzenskenntnis nicht nur beim anderen, sondern vor allem bei sich selbst. Erst das Wissen um die eigenen Wunden und Schwächen, um die eigenen Gefährdungen und Kämpfe bringt die Voraussetzung, dass der geistliche Vater ohne Hochmut helfen und heilen kann.

Als einen solchen *senior* nennt Benedikt den Novizenmeister (RB 58,6), der für die neuen Brüder zuständig ist. Er ist eine geistliche Persönlichkeit, die Unterscheidungsgabe besitzt, Menschen zu Christus führen kann, zugleich klar ist in den Forderungen. Er drängt sich nicht auf, sondern lässt dem jungen Mönch die volle Entscheidungsfreiheit.

Auch in Grenzsituationen spricht Benedikt von der Tätigkeit der *seniores*. In der Sorge für die Brüder, die sich verfehlt haben, soll der Abt als Vermittler sog. Senpekten schicken, „das heißt ältere weise Brüder. Diese sollen den schwankenden Bruder im persönlichen Gespräch trösten und ihn zu Demut und Buße bewegen. Sie sollen ihn trösten, damit er nicht in zu tiefe Traurigkeit versinkt“ (RB 27,2–3). Wo das Eingreifen des Abtes nur kontraproduktiv wäre, können diese weisen und erfahrenen Mönche dem Bruder unaufdringlich beistehen. Ihre Aufgabe besteht im Trösten. Das meint kein Vertrösten oder Bagatellisieren, sondern bedeutet Klärung der Situation im Aussprechen des Tatbestandes, Beistand und Hilfe, vor allem aber in der Rückgewinnung des Schuldigen durch die Chance der Umkehr. Diesen heiklen Dienst leisten sie unvoreingenommen und verschwiegen.

Die Beratung mit den Brüdern

Mit unnachahmlichem Gespür hat Benedikt ein eigenes Kapitel geschrieben, dass die ganze Gemeinschaft in die Verantwortung für das Kloster einbezieht: „Die Beratung mit den Brüdern“ und ausdrücklich festhält, dass „alle zur Beratung zu berufen sind“ (RB 31.3). Das ist im dreifachen Sinn zu verstehen: Benedikt meint einmal die Zusammenkunft aller, dann den Beratungsprozess und weiter den konkreten Rat, den die Brüder geben. Einberufung und Beratung sind weder überflüssig noch beliebig. Alle haben im gemeinsamen Dialog nach einer Antwort im Geist des Evangeliums für ihre konkrete Situation zu suchen. Auch wenn dem Abt die Initiative zukommt und er die zu behandelnde Materie vorlegt, ist er auf das Gespräch mit den Brüdern verpflichtet. Entscheidend in diesem Prozess ist das Hören aufeinander. Erst nachdem der Abt gehört hat, was die Brüder zu sagen haben, kann er mit sich zu Rate gehen und eine Entscheidung treffen. Diese kann aufgrund der Beratung anders ausfallen, als der Abt ursprünglich glaubte. Dennoch ist er dieser Einsicht verpflichtet und kann nicht so tun, als habe die Beratung nicht stattgefunden.

Ausdrücklich bezieht Benedikt die jungen Mönche ein: „Dass aber alle zur Beratung zu rufen sind, haben wir deshalb gesagt, weil der Herr oft einem Jüngeren offenbart – *revelat*, was das Bessere ist“ (RB 3,3). Er traut ihnen zu, das für die Gemeinschaft Bessere zu erfassen, weil Gott unabhängig von Jahren und Würde die geistgewirkte Gabe des Rates[31] verleiht. Benedikt gebraucht einen starken Begriff, wenn er der Überzeugung ist, dass der Herr einem Jüngeren eine ‚Offenbarung' schenkt. Es geht dabei um anderes als um ein demokratisches Vorgehen. Im Hintergrund steht die Gleichheit aller Menschen vor Gott und ihre Erwählung unabhängig von Alter und Ansehen.

Nicht nur bei diesem Beratungsprozess kann man feststellen, dass die Benediktusregel eine Regel der Kommunikation ist mit einer breiten dialogischen Grundstruktur. Es gibt kaum ein Kapitel, das nicht in irgendeiner Weise einen impliziten oder expliziten Gesprächsprozess vorsieht oder voraussetzt. Nahezu alle Kapitel sind zu lesen unter der Berücksichtigung einer gelungenen oder defizitären Gesprächssituation. Für das gemeinschaftliche Leben weist Benedikt auf die Notwendigkeit vielfältiger und unterschiedlicher Dialogformate hin, die auf die jeweilige Lage abgestimmt sind. Wichtig ist die Vermeidung von Eskalation und Spaltung aufgrund von Differenzen. Das Anliegen Benedikts ist die Einmütigkeit, nicht die Einstimmigkeit. Es geht ihm nicht um die Durchsetzung einer Meinung oder einer Regelung, sondern um Konsens, der auch durch einen Kompromiss erreicht werden kann.

9. *Ora et labora?*

Die volkstümliche Maxime *Ora et labora*, die gleichsam als Charakterisierung der Benediktiner gilt, findet sich nicht in der Benediktusregel. Sie greift wie alle Formeln zu kurz. Das benediktinische Leben weist eine Struktur auf, die durch eine klare Bestimmung der Zeiten die Inhalte vorgibt: „Deshalb sollen die Brüder zu bestimmten Zeiten mit Handarbeit, zu bestimmten Stunden mit heiliger Lesung beschäftigt sein" (RB 48,1). Damit sind die Prioritäten ausgesprochen, die das Selbstverständnis prägen und eine Aussage machen über den Sinn monastischer Existenz. Drei Ebe-

31 Vgl. Jes 11,2.

nen sind dabei wichtig, die in enger Beziehung zueinander stehen und sich gegenseitig ergänzen. Benedikt nennt das Stundengebet, die Schriftlesung und die Arbeit. Dieser Dreiklang prägt den Tag der Mönche.

Die Einteilung des Tages und der Stunden der Nacht ermöglicht das innere Geordnetsein und ist Ausdruck der Konzentration und Sammlung auf die wesentlichen Elemente des Mönchtums, wie es bereits Augustinus formuliert: „... so wollte ich lieber, wie es in gut geleiteten Klöster festgesetzt ist, jeden Tag zu bestimmten Stunden irgendeine körperliche Arbeit verrichten, um dann die übrigen Stunden für Lesung, Gebet und Studium dieses oder jenes Buches der Heiligen Schrift frei zu sein“[32]. Der betreffende Zeitraum ist damit geschützt und kann nicht durch anderes eingefordert werden.

Das Stundengebet

Wenn nach dem Selbstverständnis benediktinischen Lebens gefragt wird, spielt die Weisung Benedikts entscheidende Rolle: „Also nichts darf dem Stundengebet vorgezogen werden“ (RB 43,3). Er spricht damit die Priorität des Stundengebetes vor allen anderen Tätigkeiten und Lebensvollzügen aus und stellt die Beziehung zwischen Gott und Mensch in den Mittelpunkt des monastischen Lebens: „Sobald man das Zeichen zum Stundengebet hört, legt man alles aus der Hand und läuft mit größter Eilfertigkeit herbei“ (RB 43,1). Die Beendigung aller anderen Arbeiten und Beschäftigungen ist die Grundvoraussetzung für die Feier des Chorgebetes. Benedikt spricht vom Stundengebet – *opus Dei*, der nicht nur die Gebetszeiten der Mönche bezeichnet. Vielmehr darf man die ursprünglich neutestamentliche und umfassende Bedeutung nicht aus dem Auge verlieren als Gottes Werk bzw. Dienst an den Gläubigen (vgl. Joh 6,29).

32 Aug., Op. monach. 37.

Den Vorrang des Gebetes übernimmt Benedikt mit der monastischen Tradition aus der Botschaft Jesu, wenn dieser seine Jünger unterweist, „dass sie allezeit beten und darin nicht nachlassen sollten" (Lk 18,1). Im Stundengebet siebenmal am Tag und auch in der Nacht leben die Mönche dieses Ideal: „Es gelte, was der Prophet sagt: „Siebenmal am Tag singe ich dein Lob. ... Auch in der Nacht lasst uns aufstehen, um ihn zu preisen" (RB 16,1.5). Mit diesem abschließenden Satz gibt Benedikt eine Lebensorientierung, in der er den Sinn christlicher und monastischer Existenz zusammenfasst: Ihn zu preisen.

Benedikt sieht monastisches Leben immer von der Gegenwart Gottes bestimmt. Das gilt in besonderer Weise beim Stundengebetgebet. „Überall ist Gott gegenwärtig, so glauben wir. ... Ganz besonders sind wir davon ohne jeden Zweifel überzeugt, wenn wir zum Stundengebet versammelt sind" (RB 19,1–2). Der Mönch soll dieses Stehen vor Gott ganz und ganzheitlich vollziehen. Inneres und Äußeres sollen zusammenstimmen, wie sich aus dem Wort Benedikts ergibt, „dass Herz und Stimme in Einklang sind" (RB 19,7). Der Mönch lässt sich ansprechen, geht mit ganzem Herzen darauf ein und antwortet mit seinem Leben.

Das Gebet der Tagzeiten besteht ausschließlich aus den Psalmen. Als Wort Gottes haben sie in der Gebetstradition der Kirche einen herausragenden Platz, wie Athanasius bezeugt. „Es ist wahr, die ganze Heilige Schrift, das Alte und das Neue Testament, ist, wie geschrieben steht, ‚von Gott eingegeben und von Nutzen zu unserer Belehrung' (2 Tim 3,16), die Psalmen haben jedoch eine auffallende Besonderheit für den, der genau hinschaut. ... Der Psalter trägt wie ein Garten in sich die Früchte auch aller übrigen Bücher der Heiligen Schrift. ... Wer diese Psalmen liest, wird durch die Worte dieser Lieder in die gleiche innere Stimmung versetzt, wie wenn sie seine eigenen persönlichen wären"[33].

33 Athan., Ep. 10 ad Marcellinum 2; 11.

Die Benediktusregel gibt als erste einen festen Zeitraum von einer Woche an, in dem die 150 Psalmen zu beten sind. Durch seine Ordnung zeigt Benedikt im Vergleich mit anderen Liturgien, die in kurzer Zeit den gesamten Psalter beten lassen, dass er ein übermäßiges Pensum vermeiden will und auf die Ausgewogenheit des monastischen Lebens achtet. Bei der Verteilung der Psalmen auf die einzelnen Gebetszeiten geht Benedikt nach verschiedenen Kriterien vor. Etliche Psalmen lässt er täglich oder wöchentlich nach ihrer Abfolge im Psalter wiederholen[34], für andere Gebetszeiten wiederum wählt er Psalmen aus, die dem Zeitpunkt und dem Anliegen der Gebetszeit entsprechen. So wählt er für die Morgenhore diejenigen Psalmen aus, die vom Licht und vom Glanz oder vom Morgen als Zeit der Hilfe Gottes sprechen. In der Komplet, dem Übergang zur Nacht, lässt er jeden Abend dieselben Psalmen des Vertauens und der Geborgenheit beten. Die Wiederholung dient der Aneignung und Vertiefung, die Auswahl charakterisiert die jeweilige Gebetszeit.

Für Auswahl und Zuordnung der Psalmen ebenso wie für die Intention des Psalmenbetens ist die Beobachtung wichtig, dass Benedikt ganz im Verständnis der Alten Kirche steht und sich ihre Sicht des Psalmengebetes zu eigen macht: „Der Psalter ist für die Kirche ... ein Christusbuch, dessen Lieder um den am Kreuz erhöhten Kyrios kreisen, sei es, dass sie von Ihm, sei es dass sie zu Ihm, sei es dass Er selbst in ihnen zum Vater redet, wobei das ‚zu Ihm' die tragende Mitte ist"[35]. Die Psalmen sind an Christus, den auferstandenen und verherrlichten Herrn, gerichtet, sprechen von ihm. Diese christozentrische Sicht wird in der Benediktusregel deutlich.

34 Hossfeld, F.-L./Zenger, E. Die Psalmen I (NEB), Würzburg 1993, S. 25.

35 Fischer, B., Die Psalmenfrömmigkeit der Märtyrerkirche, in: ders., Die Psalmen als Stimme der Kirche (Heinz, A., Hg., FS B. Fischer), Trier 1982, S. 31.

Schriftlesung

Die Zeiten der geistlichen Lesung ergänzen das Stundengebet. „Deshalb müssen sich die Brüder in den festgesetzten Stunden der göttlichen Lesung widmen" (RB 48,1). Was die Mönche lesen, legt Benedikt nicht fest, weil der Inhalt von der Tradition her klar vorgegeben: es handelt sich nahezu ausschließlich um die Heilige Schrift und ihre Auslegung. Benedikt verwendet dabei einen Ausdruck, der die Wertschätzung dieser Bibellesung unterstreicht und spricht von „frei sein – *vacari*". Ursprünglich meint das Wort die Muße zu geistigen und musischen Tätigkeiten. In der monastischen Tradition erhält es die Bedeutung als Zeit für die Lectio divina, sodass die Mönche nicht beansprucht sind von anderen Beschäftigungen, Aufgaben oder Diensten, sondern sich ganz dem Wort der Heiligen Schrift widmen und „voll Konzentration bei der Bibellesung sein können" (RB 48,18). Geistliches Lesen ist keine Lektüre, sondern ein komplexer Vorgang, bei dem das Eingehen auf das Wort Gottes als Ausschöpfen des gesamten Sinnes, der dem Text innewohnt, entscheidend ist.

Diese intensive Beschäftigung mit dem Wort Gottes geschieht auf vielfältige Weise und meint nicht nur Lesen in einem engen Sinn. Um die Bibel wirklich zu verstehen, geht es auch um lernen und einüben. Das erfordert zunächst, dass der Mönch lesen kann. Wenn er als Analphabet ins Kloster kommt, lernt er daher als erstes das Lesen, um bibelfähig zu sein, besonders in der Liturgie. Dieses Ziel hat auch die alte Übung des Mönchtums, die Schrift auswendig zu lernen. Das meint kein Gedächtnistraining, sondern die innere Aneignung des Bibeltextes, wie es im Französischen durch „par cœur" und im Englischen durch „by heart" ausgedrückt wird. Das Ziel des Auswendiglernens ist das Durchdrungensein von der Heilige Schrift. Das Vertrautwerden und Vertrautsein mit dem biblischen Text ist ein wesentlicher Teil der spirituellen Praxis, nicht aus intellektuellem Interesse, sondern um Begegnung mit dem lebendigen Christus als dem WORT zu ermöglichen.

Die Präsenz der Heiligen Schrift soll in allen Situationen des Lebens bewusst sein. Vor allem aber soll das Wort Gottes den Mönch umgestalten. Er soll zu einem Menschen werden, dessen Gedanken und Regungen allmählich „ersetzt“ werden durch die Weisungen der Heiligen Schrift, ein Mensch, der das Wort nicht nur liest, sondern zu dem wird, was das Wort Gottes besagt: „... so ist es auch mit dem Wort, das meinen Mund verlässt: Es kehrt nicht leer zu mir zurück, ohne zu bewirken, was ich will, und das zu erreichen, wozu ich es ausgesandt habe“ (Jes 55,11).

Die Zeiten für die geistliche Lesung

Benedikt sieht keine einheitliche Zeitordnung für das ganze Jahr vor. Er nimmt damit Rücksicht auf die unterschiedlichen klimatischen Bedingungen und Beanspruchungen durch die Arbeit während der Jahreszeiten.

Eine erste Ordnung regelt die Lesungszeit während des Sommers (RB 48,3–6). Da es schnell heiß wird, legt Benedikt die Arbeitszeit in die ersten, noch kühlen Stunden des Tages. Erst im Anschluss an die Arbeit ist die Zeit von zwei Stunden für die Lesung vorgesehen. Diese Regelung ist deswegen bemerkenswert, weil die monastisch-asketische Tradition diese ersten Tagesstunden, die als die kostbarsten gelten, ausschließlich der Lesung vorbehält. Ein zweites Zeitschema regelt die Ordnung im Winter (RB 48,10–13). Für die Lesung sind wiederum zwei Stunden vorgesehen, jetzt aber an ihrem traditionellen Ort, am frühen Morgen. Eine eigene Ordnung findet sich für die Fastenzeit (RB 48,14–16). Benedikt weist ihr als Lesungszeit die ersten drei Stunden des Tages zu. Damit geht er in dieser intensiven Zeit der Vorbereitung auf das Fest der Auferstehung auf die Übung der Alten Kirche zurück, die ersten drei Stunden des Tages der Beschäftigung mit dem Wort Gottes zu widmen.

Eine letzte Regelung betrifft den Sonntag. Er bleibt ausschließlich der Lesung vorbehalten. „Am Sonntag sollen alle frei sein für die Lesung" (RB 48,22). Eine alte vorbenediktinische Regel ergänzt: „An diesem Tag soll kein Wort über die Arbeit fallen, sondern man verbringe den Tag nur ‚mit Hymnen, Psalmen und geistlichen Liedern' (Eph 5, 19)"[36]. Sein österlicher Charakter tritt dabei deutlich hervor.

Die Arbeit

Als drittes Element bestimmt die Arbeit die Gestaltung der benediktinischen Lebenswelt. Seit den Anfängen gehört sie unaufgebbar zum Mönchtum. In einer Umwelt, in der Arbeit – insbesondere Hand- und Feldarbeit oder Arbeit zum Erwerb des Lebensunterhaltes – nur für Arme und Sklaven und damit als unrühmlich gilt, der Freie und Reiche sich gerade dadurch unterscheidet, dass er nicht zu arbeiten braucht, ist der Beitrag der Benediktusregel zu einem Paradigmenwechsel unübersehbar. „Sie sind dann erst wirklich Mönche, wenn sie wie unsere Väter und die Apostel von ihrer Hände Arbeit leben" (RB 48,8). Hier wird ein monastisches Ideal aufgerufen, das von Pachomius und Basilius, vor allem von Augustinus herkommt und auf regelmäßiger Arbeit gründet. Dass die Mönche Benedikts damit ebenfalls ein Problem hatten, zeigt sein Aufruf zur Feldarbeit mit der Motivation, sich ein Beispiel zu nehmen an den Aposteln, insbesondere an Paulus und seinen zahlreichen Aufrufen zu verantwortlicher Arbeit, aber auch an den Mönchsvätern. Wenn die Mönche dem armen Christus nachfolgen wollen, ist daher gerade die (Hand-)Arbeit ein Kennzeichen dieser Armut, zu dem ihre einfache Lebensführung und ihre bescheidenen Lebensumstände hinzukommen.

Die Arbeitspflicht – immer in Anbetracht der Möglichkeiten und Fähigkeiten des einzelnen Mönchs – gehört zu den Grundelementen des gemeinsamen Lebens. Die Anweisung zur Arbeit ist zugleich eine Korrektur gegenüber der von manchen Mönchskrei-

36 R4P 3,6–7.

sen propagierten Idee, die Aufgabe des asketischen Lebens sei allein Gebet und Lesung. Diese Inanspruchnahme schließe jede körperliche Arbeit aus und gebe das Recht auf Unterstützung[37].

Die Motivation zur Arbeit ist mehrschichtig. Benedikt nennt eine erste: „Müßiggang ist der Feind der Seele" (RB 48,1). So sind die Zeiten, die nicht dem Stundengebet und der Lesung gewidmet sind, der Arbeit zugeordnet. Die Benediktusregel zeigt ein breitgefächertes Spektrum von Tätigkeiten, die die Mönche selbst verrichten. Niemand ist grundsätzlich von den allgemeinen Arbeiten befreit, niemand soll sich für entschuldigt halten oder Ausreden haben. Ausgenommen sind selbstverständlich die Kranken, Schwachen und Alten. Alle aber beteiligen sich nach ihren Möglichkeiten, wobei ihnen eine „passende Beschäftigung oder ein geeignetes Handwerk zugewiesen" wird (RB 48,24). Es ist ein wichtiger Faktor für Benedikt, dass einerseits niemand überfordert, andererseits jedoch keiner unterfordert ist oder sich nicht überflüssig vorkommen muss.

Der gesamte Bereich der Hauswirtschaft – das Kochen und das Abwaschen, das Putzen, Waschen und Flicken, die Arbeit in Garten, Mühle, auf den Feldern und in der Bäckerei wird von den Mönchen besorgt. Die Wartung der Kleidung, der Gerätschaften und Werkzeuge, die Anschaffung und Lagerung der Vorräte gehören ebenfalls dazu. Es kommen aber auch andere Aufgaben innerhalb der Gemeinschaft hinzu, wie etwa die Pflege der Kranken (RB 36), die Versorgung der Alten und Kinder (RB 37). Der Dienst an den Gästen wird von Brüdern verrichtet, die für die Gasträume sorgen und für die Gäste kochen (RB 53,16–22). Dem Pförtner widmet Benedikt ein eigenes Kapitel (RB 66). Wenn von den Büchern des Klosters die Rede ist, muss es einen Bruder geben, der für den Bücherbestand verantwortlich ist (RB 48,15f.).

Ein wichtiges Motiv der Arbeit besteht darin, dass sie den Lebensunterhalt der Mönche sichert und sie unabhängig macht von

37 RB 1,6–11 nennt als Beispiele die Sarabaiten und Gyrovagen.

Zuwendungen und Almosen. Für Benedikt ist es selbstverständlich, dass die Mönche „von ihrer Hände Arbeit leben" (RB 48,8). Für die Sicherung des Lebensunterhaltes sind Erwerbstätigkeiten vorgesehen, für die es Werkstätten gibt. So spricht Benedikt von Werkstätten und ihren Erzeugnissen, die verkauft werden. Für Benedikt ist es ebenso selbstverständlich, dass ausgebildete und fähige Mönche ihr Können ausüben (RB 57,1–2.4).

Die Zeiten für die Arbeit

Wie für das Stundengebet legt Benedikt auch für die Arbeitszeiten ein System vor, das ebenfalls nach Jahreszeiten variiert. Im Sommer stehen mit Rücksicht auf die Hitze die ersten vier Stunden des Tages unmittelbar nach dem Frühgottesdienst zur Verfügung, wenn es noch kühl ist. Nach der Siesta beginnt die Arbeitszeit am frühen Nachmittag bis zur Vesper (RB 48,3.6). Im Winter verschiebt sich die Zeit und der Arbeitsbeginn ist am Morgen erst nach den zwei Stunden der geistlichen Lesung bis zum frühen Nachmittag (RB 48,11). In der Quadragesima verschiebt sich die Arbeitszeit noch einmal und fängt nach den drei Stunden der geistlichen Lesung am Morgen an und endet am späten Nachmittag (RB 48,14). Der Sonntag hat eine eigene Regelung, da nur die Brüder ihre Aufgaben verrichten, „die für die verschiedenen Dienste eingeteilt sind" (RB 48,22) Sonst widmen sich alle der Lectio divina.

Ethos der Arbeit

Benedikt spricht nicht nur von der Tatsache der Arbeit und den Erwerbstätigkeiten. Sie sind immer ausgerichtet auf die Gemeinschaft und auf die geistlichen Anliegen des monastischen Lebens. Damit wird deutlich, dass die Arbeit weder isoliert gesehen wird noch sich verselbständigen darf. Für Benedikt ist daher entscheidend, in welchem Geist diese Arbeiten verrichtet werden. Er verbindet dies mit der Weisung zur Demut, die zu den spirituellen Grundhaltungen der Benediktusregel gehört, und warnt daher eindringlich vor dem Stolz (RB 57,1–2). Die Einbildung auf das eigene Können lässt eine Selbsteinschätzung erkennen, die den Frieden in der Gemeinschaft empfindlich stört, und dazu dient, durch die Arbeit die eigene Bedeutung hervorzuheben. Der Mönch darf sicher den Erfolg seiner Arbeit sehen und auch den Nutzen für das Kloster. Er darf sich aber nicht als Wohltäter der Gemeinschaft aufspielen oder eine vielleicht subtile Macht ausüben, als wären die anderen von ihm abhängig. Entscheidend ist vielmehr die Uneigennützigkeit der Arbeit als Beitrag zur Gütergemeinschaft und als Dienst an den Brüdern. Daher ist es die Beauftragung und die Zuweisung einer Arbeit durch den Abt grundsätzliches Merkmal für die Aufgaben und auch Ämter in der Gemeinschaft, so dass keiner im Kloster eine Aufgabe, einen Dienst oder eine Arbeit verrichtet, die er sich selbst zugewiesen hat. Das bedeutet aber keine Willkür, sondern die Fähigkeiten, Kenntnisse und Ausbildung jedes einzelnen der Mönche werden, soweit es möglich ist, berücksichtigt. Allerdings wird die Bereitschaft erwartet, sich dort einzusetzen, wo er gebraucht wird und sich zudem an den allgemeinen Arbeiten zu beteiligen. Es kann immer wieder vorkommen, dass jemand in bestimmten Zeiten oder Situationen nicht ausgelastet ist: „Sind sie jedoch frei, übernehmen sie bereitwillig, was ihnen aufgetragen wird" (RB 53,20). Das setzt innere Unabhängigkeit voraus und die grundsätzliche Bereitschaft zum Dienst für die anderen.

Zum Arbeitsethos der Benediktusregel gehört aber auch die bedeutsame Einschränkung, wenn Benedikt fordert: „Sie sollen nicht ... durch allzu große Last der Arbeit erdrückt oder sogar fortgetrieben werden" (RB 48,24). Die Arbeit ist kein Selbstwert, sondern die Rücksichtnahme auf die Kräfte des einzelnen steht für Benedikt immer im Vordergrund. Die Überforderung durch die Arbeit möchte er vermeiden oder wenigstens abmildern, wie an verschiedenen Stellen der Regel zum Ausdruck kommt. So spricht er von Hilfe bei der Arbeit, die alle bekommen sollen, ein Grundsatz, den er einige Male wiederholt. „Für alle Aufgabenbereiche im Kloster gelte der Grundsatz: Wer Hilfe braucht, soll sie erhalten" (RB 53,19–20).

10. Monastische Grundhaltungen

Leben wollen

Kaum jemand würde am Beginn einer alten Mönchsregel die Frage nach den Wünschen des Menschen, nach seinem Willen, schon gar nicht das Angebot guter Tage vermuten. „Wer ist der Mensch, der das Leben will und sich wünscht, gute Tage zu sehen?" (RB Prol. 15; Ps 34,15). Tatsächlich zielt die Frage darauf ab, welchen Sinn für sein Leben sich der Mensch vorstellt und wie er seine Lebenswidmung gestalten will. Mit dem Psalmvers stellt Benedikt eine echte Entscheidungsfrage, die mit „Ich" beantwortet werden kann (RB Prol. 16).

Grundhaltungen

Wer dieses „Ich" ausspricht und Mönch werden will, entscheidet sich für monastische Grundhaltungen, die Benedikt an den Anfang seiner Mönchsunterweisung stellt. Die Trias von Gehorsam, Schweigen und Demut in den Kapiteln RB 5–7 bietet die hohe Schule des monastischen Lebens. Wie Benedikt sie positioniert, spricht er damit seine Wertung aus. Sie sind die „ersten" Grundhaltungen, d.h. die wichtigen und entscheidenden. Aus ihnen leitet sich die gesamte Lebensführung des Mönches ab. Sie bilden aber nicht den Anfang einer Einweisung, der dann entbehrlich würde, sondern sie sprechen mit jeweils anderen Akzentuierungen von dem ganzen Lebensweg des Mönchs.

Gehorsam, Schweigen und Demut haben einen herben Klang. Sie scheinen nicht in eine Welt zu passen, die geprägt ist vom Gedanken der Selbstbestimmung und der Freiheit, der Kommunikation und des Dialogs, der Stärke und der Verantwortung. Im Kontext der Benediktusregel haben die positiven Gesichtspunkte dieser modernen Sichtweise durchaus einen Platz. Dabei ist zu berücksichtigen, dass die Benennungen zur Zeit Benedikts einen anderen Klang haben und nicht durch die Jahrhunderte in ihrem

Verständnis eingeengt sind. Benedikt verbindet mit Gehorsam, Schweigen und Demut Gestaltungsformen der biblischen Nachfolge, die nur dann verständlich sind, wenn sie auf dem Hintergrund des Beispiels Christi gelesen werden. Sie sind keine drei getrennten ‚Tugenden', sondern haben eine große Schnittmenge und ergänzen sich gegenseitig. Im Mittelpunkt der Aufmerksamkeit des Mönchs soll nicht eine asketische Steigerung stehen, sondern der Blick auf den gehorsamen, schweigenden und demütigen Christus, wie ihn die Botschaft der Evangelien vor Augen stellt.

Gehorsam (RB 5)

Es ist längst bekannt, dass Gehorsam mit „hören" zusammenhängt: Ge-Horchen ist eine intensive Weise des Hörens, bedeutet also, ein aufmerksames Ohr zu haben. Die Benediktusregel macht sich dieses Verständnis ganz zu eigen, wenn sie vom „aufmerksamen Hören" spricht (RB 3,2). So beginnt Benedikt seine Mönchsregel ganz bewusst mit dem Wort: „Höre". Dieser Imperativ bezieht sich auf das Wort Gottes, das es zu hören gilt. Gehorsam in der Heiligen Schrift bedeutet ja nichts anderes als Hören auf den Herrn und das Gehörte zu verwirklichen. In der Bitte Salomos um „ein hörendes Herz" (vgl. 1 Kön 3,6) findet dieses Wissen seinen Ausdruck. Hören und Handeln umschreibt die biblische Bedeutung des Gehorsams. Das Beispiel Jesu ist für den Getauften dabei letzte Norm. So steht im Zentrum des Kapitels über den Gehorsam bei Benedikt das Wort Jesu: „Denn ich bin nicht vom Himmel herabgekommen, um meinen Willen zu tun, sondern den Willen dessen, der mich gesandt hat" (Joh 6,38; vgl. RB 5,13).

Das ist ein anderer Ausgangspunkt, als wenn Gehorsam nur verstanden wird, das zu tun, was ein anderer anordnet. Sein Gehorsamsverständnis erläutert Benedikt mit dem Satz: „Deswegen lassen Mönche sofort ihren eigenen Vorteil" (RB 5,7). Dies ist ein unauffälliges, aber direktes Zitat aus dem paulinischen Hohen Lied: „Die Liebe sucht nicht ihren Vorteil" (1 Kor 13,5). Das ist es, was Gehorsam für Benedikt bedeutet, nicht den Eigennutz und ausschließlich die persönlichen Interessen zu sehen, sondern den Dienst an der Gemeinschaft zu übernehmen[38]. Sein Gegenteil ist der Eigenwille, der von der Illusion lebt, niemandem etwas zu schulden und ohne Rücksicht auf die Brüder leben zu können.

Benedikt formuliert den Gehorsam im Zusammenhang einer klösterlichen Gemeinschaft. Damit kommt die hierarchische Struktur in den Blick, die er seiner Gemeinschaft gibt. Im Gefüge des gemeinsamen Lebens kommt der Anordnung des Abtes eine gewichtige Rolle zu. Der Mönch ist sicher zuerst seinem Gewissen verpflichtet. Aber er hat auch zu hören auf das, was an ihn herangetragen wird von Menschen, mit denen er sich gemeinsam unter das Wort Gottes stellt. Es geht beim monastischen Gehorsam nicht um Entmündigung und Abnicken, sondern um die Bereitschaft, sich einzulassen auf das, was zu tun ist. Gehorsam kann daher niemals bedeuten, die eigene Verantwortung ausschließlich an andere bzw. den Abt zu delegieren.

Wie wenig es Benedikt um ein einseitiges Weisungsgefälle geht, wird klar, wenn er in einem Zusatzkapitel ausdrücklich davon spricht, dass „die Brüder ebenso einander gehorchen müssen" (RB 71,1) und dass sie „den gegenseitigen Gehorsam miteinander wagen sollen" (RB 72,6). Die Verantwortung füreinander und die Fähigkeit auf den anderen zu hören, ist ein wesentliches Element des gegenseitigen Gehorsams. Entscheidend ist dabei die Sensibilität für unterschiedliche Situationen und die Bereitschaft sich auf die Menschen einzulassen, ohne zu vergleichen und abzuwarten, ob der andere zuerst handelt.

Sicher ist aber auch, dass die Forderung des Gehorsams harte und unausweichliche Sachlagen mit sich bringen kann. Jede christliche Lebensform, ja jedes Leben kennt solche Erfahrungen, seine eigenen Wünsche und Vorstellungen hintan zu setzen und sich Notwendigkeiten und Unausweichlichem zu stellen. Das kann

38 RB 72,7: mehr das Wohl des anderen; vgl. o. S. 126.

ein längerer Weg sein, wie auch Benedikt weiß, wenn er davon spricht, dass einem Bruder „etwas ‚Unmögliches' aufgetragen wird" (RB 68). Hier geht es nicht um einen Gewissenskonflikt, sondern um das subjektive Erleben von Überforderung. Benedikt akzeptiert die Erfahrung des Bruders, zwingt und überredet ihn nicht, sondern lässt ihn erproben, wie weit er sich darauf einlassen kann. Im gemeinsamen Gesprächsprozess kann er seine Situation ausführlich und wiederholt darlegen. Es wird aber die Bereitschaft vorausgesetzt zu einem offenen Gesprächsausgang, da auch der Obere seine Situation darlegt. Zeigt es sich, dass bei allem Bemühen keine Lösung im Sinn des Bruders möglich ist, weil die Umstände nicht geändert werden können, ist die Entscheidung des einzelnen gefordert. Gehorsam ist dann eng mit dem Vertrauen verbunden. Der Mönch kann das nicht aus eigener Kraft, sondern nur in der Zuversicht auf die Hilfe Gottes. Benedikt empfiehlt einen inneren Weg der Einwilligung und Zustimmung, der unter dem Psalmvers steht, den das altkirchliche Mönchtum zu seinem Dauergebet gemacht hat: „O Gott, komm mir zu Hilfe. Herr, eile mir zu helfen" (Ps 70,2)[39]. Es bedarf keines Hinweises, dass eine solche Sicht des Gehorsams identisch ist mit dem Weg der Selbsterkenntnis und einen Reifungsprozess darstellt, in dem der Mönch vielleicht einmal sagen kann: „Er hat alles gut gemacht" (Mk 7,37).

Schweigen (RB 6)

Räume, Orte und Zeiten des Schweigens gehören zur religiösen Grundsituation der Menschen. Auch das Mönchtum hat von Anfang an das Schweigen zu einem seiner zentralen Anliegen gemacht. Benedikt beginnt seine Weisung: „Tun wir, was der Prophet sagt: Ich sprach, ich will auf meine Wege achten, damit ich mich mit meiner Zunge nicht verfehle" (RB 6,1). Dabei geht es

39 Cass., Coll. 10,10–11.

nicht um Verstummen, sondern um die Einübung in ein Leben äußerster Konzentration auf Gott. Schweigen ist daher weit mehr als Nicht-Sprechen. Das Anliegen Benedikts ist es, dass der Mönch zu einem inneren Schweigen kommt, das zugleich das richtige, d.h. das gute Reden bedeutet. Dies besteht vor allem darin, nach dem Zeugnis der Bergpredigt nicht zu richten und niemanden zu verurteilen. Wer zwar schweigt, aber in seinem Herzen über andere urteilt, redet eigentlich ununterbrochen, wie umgekehrt das Reden die Schweigsamkeit nicht unterbricht, wenn das Herz nicht richtet.

Die Bedeutung des Schweigens für das Leben in Gemeinschaft liegt auf der Hand. Schweigeregeln schützen Orte und Zeiten vor Lärm und Rücksichtslosigkeit, „damit, wie gesagt, ein anderer nicht gestört wird“ (RB 52,5), und sie wahren eine Atmosphäre der Ruhe und Sammlung. Darüber hinaus ist die Warnung vor losem Geschwätz und belanglosem Geplauder ein durchgängiges Anliegen Benedikts, um Oberflächlichkeit und Ablenkung zu vermeiden. Das gilt sogar für ernsthafte Gespräche, die nicht ständig geführt werden sollen, um die Fähigkeit zu stärken, auch mit sich allein sein zu können – allerdings mit der Einschränkung „bisweilen“ (RB 6,2). Daran wird erkennbar, dass er sich nicht grundsätzlich gegen alles Sprechen wendet, aber auf ständiger Einübung in das Schweigen besteht. Der Umgang mit dem Wort ist bleibendes Anliegen, wenn nicht nur das unnütze Reden verurteilt wird, sondern mehr noch das böse Wort.

So verstandenes und geübtes Schweigen stellt eine wichtige Form der Einweisung des gottsuchenden Mönchs in die Beziehung zu Christus dar. Das Einüben solchen Schweigens führt ihn zur Gottesbegegnung, die ihren intensivsten Ausdruck im schweigenden Gebet findet. Nicht die moralische oder pädagogische Bedeutung steht damit im Mittelpunkt, sondern die mystagogische. Was mit der Forderung des Schweigens wie ein asketischer oder disziplinärer Appell klingen mag, gewinnt eine neue Ebene durch die Ausrichtung auf den schweigenden Christus. Der Mönch wird verwiesen auf Christus, wie ihn vor allem die Passionsberichte der

Evangelien als den souverän Schweigenden darstellen[40]. Die Einübung in die Grundhaltung des Schweigens ist nicht nur Sache des Anfängers, sondern auch der erprobte Mönch muss sie immer wieder verwirklichen.

Demut (RB 7)

Das mit RB 4 längste Kapitel der Benediktusregel handelt über „Die Demut". Damit ist ein Begriff genannt, der noch weniger als der Gehorsam verwendet und nur noch negativ verstanden wird. Mit ‚Demut' verbindet sich Unterwürfigkeit, Selbstverachtung, Mangel an Mut und Konfliktbereitschaft, Fügsamkeit, falsche Bescheidenheit und Minderwertigkeitsgefühle. Damit aber ist das Anliegen des ursprünglich Gemeinten völlig missverstanden. Besonders für die Demut ist ihre biblische Herkunft der entscheidende Aspekt. Die Heilige Schrift kennzeichnet mit diesem Wort Menschen, die ihre Selbsteinschätzung ganz von Gott her verstehen. Sie wissen, dass sie vor Gott arm sind und nichts vorweisen müssen, aber alles von ihm erwarten dürfen. Demut ist daher zunächst keine asketische Anweisung, sondern ein Wort der Beziehung des Menschen zu Gott. Sie ist wesentlich bestimmt von Selbsterkenntnis und Wahrhaftigkeit, die nicht die eigenen Grenzen, aber auch nicht die eigenen Fähigkeiten und Begabungen übersieht. Damit ist zugleich das Verhalten gegenüber den Mitmenschen angesprochen. Wer demütig ist, braucht sich nicht zu profilieren und zu behaupten, muss seine Bedeutung nicht steigern und sich nicht besser dünken als andere.

Benedikt stellt daher an den Beginn des 7. Kapitels in Erinnerung an das Gleichnis vom Pharisäer und Zöllner[41] den Aufruf: „Laut ruft uns, Brüder, die Heilige Schrift zu: „Wer sich selbst erhöht, wird erniedrigt, wer sich aber selbst erniedrigt, wird erhöht werden" (RB 7,1; Lk 18,14). Mit den Worten der Schrift wird die

40 Mt 26,63; Mk 15,5; Lk 23,9; Joh 19,9.
41 Lk 18,10–13.

Verbindlichkeit der folgenden Aussagen deutlich herausgestellt. In ihnen ruft der Herr selbst den Mönch, und er tut es mit Nachdruck. Christus selber ist das Beispiel schlechthin für diese Haltung. Denn mit dem Zitat aus Lk 18,14 klingt zugleich der Christushymnus des Philipperbriefes an: „Er erniedrigte sich und war gehorsam bis zum Tod, bis zum Tod am Kreuz. Darum hat ihn Gott auch erhöht" (Phil 2,8–9). Die Demut des Mönches steht damit von vornherein in Bezug zu Christus und es wird deutlich, dass es nicht zuerst um Askese, sondern wie für den Gehorsam und das Schweigen um die Ausrichtung am Beispiel Christi geht.

Demut ist ein Weg, den Benedikt als Stufenweg in zwölf einzelnen Themen vorlegt. Die Stufen werden nicht automatisch eine nach der anderen erklommen, Sie bilden ein Ganzes und betrachten je einen anderen Aspekt derselben Grundhaltung. Die Themen bilden Modellsituationen ab und haben eine große Schnittmenge. Diese Themen stehen in unmittelbarem Bezug zur Realität des monastischen Alltags. Sie formulieren konkret die Gefährdungen des Mönchs durch Überheblichkeit, Anspruchsdenken und Selbstbehauptung, ebenso notvolle und bedrängende Lebenslagen. Sie bringen aber auch die Beziehung zu Gott zur Sprache und sehen in der Gottvergessenheit, dem praktischen Atheismus, den eigentlichen Mangel an Demut. Der Wüstenvater Evagrius Ponticus weiß davon: „Er verleitet nämlich dazu, Gott nicht als Helfer anzuerkennen, sondern zu meinen, sie (die Mönche) selbst seien die Ursache ihrer guten Taten. ... Denk auch darüber nach: Wer beschützt dich in der Wüste? Wer hält die Dämonen fern? Derartige Gedanken flößen Demut ein und lassen die Überheblichkeit nicht herein"[42]. Ebenso gefährdet ist der Mönch durch Furcht und Angst, die ihm ein negatives Gottesbild einflößt. Der Weg, den der Mönch gehen soll, ist daher der Weg von der Furcht zur Liebe (RB 7,67.69).

Es gilt daher, die Gegenwart Gottes als Realität zu akzeptieren. Als Gipfel der Demut entwirft Benedikt die Vision des vollende-

42 Evagr.Pont., Pract. 14; Pract. 33..

ten Mönchs, der lebt in der Gewissheit der Liebe Christi. „In dieser Liebe beginnt er alles, was er bisher nicht ohne Zittern eingehalten hat, von nun an ohne jede Mühe, wie von Natur aus und gleichsam aus Gewohnheit, zu beachten“ (RB 7,68).

Der Großteil des Kapitels besteht aus zahlreichen Bibelstellen, die zu jeder Stufe wie eine Kette zusammengestellt sind. Sie signalisieren, dass der Mönch nicht aus eigner Kraft die Stufen bewältigen muss, sondern das Wort Gottes ein guter Begleiter ist. So steht am Ende die Ermutigung, dass „er alsbald zu jener vollendeten Gottesliebe gelangt, die alle Furcht vertreibt“ (RB 7,67). Vom Ende wird klar, dass Demut keine Geste der Unterwürfigkeit meint, sondern die Fähigkeit zu einer Lebensweise, die in der Liebe Christi ihren eigentlichen Sinn erkennt.

11. Geistliche Grunderfahrungen

Das „weite Herz"

Damit verbindet Benedikt eine Verheißung, die seine Glaubenserfahrung und Christusbeziehung zusammenfasst. „Wer aber in der monastischen Lebensweise und im Glauben weitergeht, dem wird das Herz weit, und er läuft im unsagbaren Glück der Liebe den Weg der Gebote Gottes“ (RB Prol. 49). Das Herz als Mitte der Person und Zentrum aller Erfahrung meint den ganzen Menschen mit seinem Willen und seiner Entscheidungskraft, mit seinen Emotionen und mit seinem Verstand. Benedikt verwendet als Zitat Ps 119/118,32, fügt aber mitten in den Vers eine zutiefst persönliche Meditation ein: „in unsagbarer Innigkeit[43] der Liebe“. Der von ihm eingefügte Satzteil lässt unaufdringlich die geistliche Erfahrung

43 Benedikt verwendet das Wort *dulcedo*, wörtlich „Süßigkeit“, das dem mittelalterlichen „Minne“ entspricht und in der lat. Bibel nur in Verbindung mit dem Wort Gottes gebraucht wird, z.B. Ps 19/18,11: *dulciora super mel et favum*; Ps 119/118,103: *quam dulcia faucibus meis eloquia tua super mel ori meo*; Ez 3, 3: *et factum est in ore meo sicut mel dulce*; Offb 10, 9: *in ore tuo erit dulce tamquam mel.*

Benedikts durchscheinen mit einer nicht alltäglichen Sprache. Nur selten tritt Benedikt in den Vordergrund, sodass von seiner Person nur wenig deutlich wird. So ist diese Stelle ein kostbares Zeugnis seines Lebens. Es beinhaltet auch die Ermutigung, dass der „Weg der Gebote Gottes" nicht in die Enge und Gesetzestreue führt, sondern die Freiheit bringt, die ihr eigentliches Anliegen ist.

... und die Freude

Freude ist daher kein Fremdwort in der Benediktusregel, die gleich zweimal davon spricht (RB 49,6.7). Benedikt verbindet sie mit der Sehnsucht, die er im Zusammenhang mit der Erwartung des Osterfestes nennt, allerdings meint er mit *pascha* nicht wirklich den Termin, sondern den auferstandenen und verherrlichten Herrn und seine Wiederkunft. Die Prägung des ganzen Mönchslebens kann ausgesprochen werden in dem Wort „in der Freude des Heiligen Geistes" (RB 49,6). Der Mönch soll nicht bestimmt sein vom Geist der Verzagtheit[44], der Strenge und Buße, sondern von der Freude in der Gewissheit der Zuwendung Gottes. Nur selten spricht die Benediktusregel Emotionen an. So ist es bemerkenswert, dass im Zusammenhang der Vierzig Tage Freude und Sehnsucht mehrfach erwähnt sind. Benedikt sieht monastisches Leben nicht ausschließlich durch Verzicht und Askese bestimmt, sondern durch die Erwartung der Begegnung mit dem auferstandenen, verherrlichten und lebendigen Christus.

Bereit sein

Ein solches Lebenskonzept gelingt nicht automatisch. Es ist eine Voraussetzung gefordert, die zu den anspruchvollsten gehört. Benedikt spricht sie mit dem Satz aus: „So müssen die Mönche

44 2 Tim 1,7: *Denn Gott hat uns nicht einen Geist der Verzagtheit gegeben, sondern den Geist der Kraft, der Liebe und der Besonnenheit.*

immer bereit sein – *parati sint monachi semper*" (RB 22,6). Diese Formulierung weist zurück auf die Naherwartung und ist die grundsätzlich urchristliche Haltung, die das Neue Testament vom Christen erwartet: „Seid also wachsam! Denn ihr wisst nicht, an welchem Tag euer Herr kommt. Darum haltet auch ihr euch bereit! Denn der Menschensohn kommt zu einer Stunde, in der ihr es nicht erwartet" (Mt 24,42.44). Nicht umsonst betont Benedikt das „immer", das keine zeitliche Aussage macht, sondern die Intensität der Wachsamkeit und der Erwartung des wiederkommenden Christus. Es ist die Bereitschaft des treuen Knechtes, den der Herr wachend findet, wenn er kommt (vgl. Mt 24, 43–46).

Als Grundhaltung aller Getauften ist diese Bereitschaft eine der entscheidenden Forderungen neutestamentlicher Spiritualität: „Was ich aber euch sage, das sage ich allen: Seid wachsam!"[45]. Eines der intensivsten Motive des frühen Mönchtums ist das Wachen und das Warten auf die Wiederkunft des Herrn. So wiederholt Benedikt den Appell mit dem Wort vom Aufstehen, das zu seinen geistlichen Grundbegriffen gehört: „Stehen wir also endlich einmal auf! Die Schrift rüttelt uns wach und ruft: ‚Die Stunde ist da, vom Schlaf aufzustehen' " (RB Prol. 8). Die Mönche sollen daher so leben, dass sie jederzeit bereit sind für den Herrn. Das aber geschieht nicht in der Verzückung, sondern in den alltäglichen Vollzügen des gemeinsamen Lebens, bei der Arbeit, bei der Stundenliturgie und im Umgang mit den Brüdern.

12. Die Ausgewogenheit benediktinischen Lebens: *discretio*

Nichts Hartes und nichts Schweres

Ein deutliches Merkmal der Benediktusregel ist ihr Bemühen um Ausgewogenheit der Lebensbedingungen, das in nahezu allen Kapiteln zu Tage tritt. Schon zu Beginn macht Benedikt dies gleich-

45 Mk 13,37.

sam zu seinem eigenen Programm: „Bei dieser Gründung (des Klosters) hoffen wir, nichts Hartes, nichts Schweres festzulegen" (RB Prol. 46). Dieser Vorgabe bleibt Benedikt treu und wendet sich gegen Willkür und pädagogischen Übereifer, gegen unberechtigte Härten und rigide Vorschriften. Alle Bestimmungen der Regel in konkreten Lebenslagen lassen sich in dem Wort *discretio* zusammenfassen, die als kluge Unterscheidung und weise Menschlichkeit die Extreme einer maßlosen Askese ebenso vermeidet wie einer gefälligen Beliebigkeit.

... wie es ein jeder nötig hat

Damit wird der Blick auf den einzelnen Bruder gelenkt mit seinen individuellen Bedürfnissen. Benedikt stellt in diesem Zusammenhang die Frage, ob alle das Notwendige im gleichen Maß erhalten sollen (RB 34). Er lehnt das ab mit dem Wort der Schrift: ‚Jedem wurde so viel zOugeteilt, wie er nötig hatte.' ... Wohl aber nehme man Rücksicht auf Schwächen" (RB 34,1.2; 55,20). Die Orientierung am Wohl des einzelnen wird klar erkennbar. Die Gleichheit aller ist als Grundvoraussetzung gültig, aber sie kann nicht bedeuten: für alle dasselbe. Jede Lage muss gerecht beurteilt werden, d. h. ausgerichtet an der Situation des einzelnen. Dabei sind unberechtigte Ansprüche ebenso zu vermeiden wie zu wenig zu geben, aber auch Geiz oder Verschwendung.

Immer ein wenig mehr

Die benediktinische *discretio* ist gekennzeichnet von Großzügigkeit und Hochherzigkeit. Das zeigt sich vor allem bei den praktischen Regelungen, die Benedikt trifft. Selbstverständlich soll „alles Notwendige" vorhanden sein. Das bedeutet nicht nur das Existenzminimum, sondern eine umfassende Versorgung. So sieht Benedikt über das Notwendige hinaus zusätzliche Gaben vor, soweit es die äußeren Verhältnisse gestatten. Das Pfund Brot für den Tag soll reichlich bemessen sein (RB 39,4), ist Obst oder frisches Gemüse zu haben, wird es zusätzlich gereicht (RB 39,3). Er verfolgt das Prinzip: immer ein wenig mehr. Ist die Arbeitsbelastung größer, soll der Abt etwas mehr an Nahrung geben (RB 39,6). Erfordert es die Sommerhitze, wird mehr an Getränk ausgeschenkt (RB 40,5). Ein besonderes Beispiel umsichtigen und entgegenkommenden Verhaltens und ausgewogener Reaktion bildet die Frage nach dem Weingenuss der Mönche. Benedikt selber ist, anders als die Gemeinschaft, der Auffassung, dass Wein überhaupt nicht für Mönche passt, aber wie er deutlich formuliert: „Aber weil sich die Mönche heutzutage davon nicht überzeugen lassen", billigt er eine bestimmte Menge täglich zu, die durch einen Kompromiss gefunden wird (RB 40,6). Es kann nicht darum gehen, um jeden Preis auf einem Ideal zu beharren, das keiner mehr mitträgt, sondern einen gemeinsamen Konsens zu finden, der dem Heute gerecht wird.

Nicht zuviel

Der Schlüsselsatz: „Er handle er klug und gehe nicht zu weit" (RB 64,12) bezeugt eine Ausgewogenheit, die für alle Bereiche zutrifft und eines der auffallendsten Merkmale der Benediktusregel ist. Besonders auffällig sind die Regelungen für das Stundengebet, wenn Benedikt als erster den Wochenrhythmus für den Psalter vorsieht und das zu seiner Zeit umfangreiche und in ein oder zwei Tagen kaum zu bewältigende Pensum anderer Liturgieordnungen auf eine Woche verteilt (RB 18,23–24). Damit hat er einen überschaubaren und zumutbaren Zeitraum gefunden. Die unterschiedlichen Tagesordnungen je nach Jahreszeit, Kirchenjahr und Arbeitsbelastung wurden schon erwähnt[46].

Für den Bereich der Arbeit gilt ebenfalls Zumutbarkeit und Augenmaß. Bei aller Erwartung und der Bereitschaft des Mönchs, sich

46 Vgl. o. S. 143.

überall dort, wo er gefordert ist, in den Belangen der Gemeinschaft einzusetzen, kennt Benedikt keine rigorose Arbeitsbelastung. Falls Feldarbeit erforderlich ist, von der er aus Notwendigkeit nicht dispensieren kann, soll sie so gehandhabt werden, dass alles maßvoll geschieht (RB 48,9). Wie ein Refrain liest sich zugleich die Weisung Benedikts, dass bei Belastung durch die Arbeit Hilfe gegeben werden soll (z. B. RB 53,18).

Zusammenfassend ist eine Formulierung zu verstehen, auch wenn sie zur Kleidung der Mönche gemacht wird. Der Abt „muss aber für das passende Maß sorgen, damit die Kleidung nicht kurz ist, sondern denen, die sie tragen, passt“ (RB 55,8). Hier geht es um mehr als den Zuschnitt eines Textils oder die Größe eines Gewandes, vielmehr um die Gestaltung des Alltags im Geist der Fürsorge und Sorgfalt, ohne Überforderung und Unterforderung. Dabei ist die pastorale Perspektive Benedikts entscheidend, „alles so maßvoll zu regeln und zu planen, dass es den Seelen zum Heil dient und die Brüder, was sie auch tun, ohne berechtigtes Murren verrichten können“ (RB 41,5).

Grenzziehung: *discretio* als genaue Unterscheidung

Benediktinische *discretio* ist falsch verstanden, wenn man sie deutet als einen Freibrief für Gewährenlassen um jeden Preis. Die Grenzziehung verhindert willfährige Obere und Beliebigkeit der Amtsführung und im Leben der Brüder: „Der Abt unterscheide genau und halte Maß“ (RB 64,17). Ausgewogenheit heißt vielmehr, Ja sagen und Nein sagen zu können, je nachdem wie es die Situation erfordert. Diese Grenzen zu benennen, ist die eigentliche Aufgabe, die sich stellt. Jedes „Mehr“, das gewährt wird, hat die Tendenz nach weiteren Zugaben. Die Verantwortung vor der Gemeinschaft und für die monastischen Lebensintention bleibt bei dem einzelnen Mönch. Er muss wissen, was er erbitten darf und ob es gerechtfertigt ist. Damit steht diese Fürsorge gegen jede Versorgungsmentalität und alles Anspruchsdenken.

Die Gemeinschaft kann nicht unbegrenzt alles zur Verfügung stellen, wenn sie die Vorstellungen von Genügsamkeit, schlichter Lebensführung und Gütergemeinschaft wahren will. Benedikt gibt stets bei seinen Anordnungen eine Grenze an, die als verbindlich gelten muss. Er gesteht das Brot reichlich bemessen zu, aber es bleibt bei einem Pfund. Der Wein wird großzügig gestattet, aber unter der Voraussetzung, dass für jeden täglich eine bestimmte Menge Wein genügt. Die Kleider sollen gewechselt und gewaschen werden können, aber eben nur zwei Garnituren.

Diese Grenzziehung betrifft nicht nur die materielle Versorgung. Für das Stundengebet gilt zwar die Psalmenordnung im Vergleich mit anderen Offiziumsregelungen als moderat, aber die 150 Psalmen sind für die Woche festgelegt und keinesfalls weniger: „Doch achte der Abt unter allen Umständen darauf, dass jede Woche der ganze Psalter mit den 150 Psalmen gesungen" (RB 18,23). Das ist immer noch sehr maßvoll im Vergleich mit Mönchen, die sie an einem Tag gebetet haben.

Auf diese Grenzziehung muss sich der einzelne einlassen und einstellen. Er muss sie akzeptieren, weil sonst die Anliegen des gemeinsamen Lebens gefährdet sind und nicht im vollen Sinn verwirklicht werden können.

Die Orts- und Zeitverhältnisse

In dieser Ausgewogenheit zeigt sich ein Prinzip, das die gesamte Regel Benedikts bestimmt. Er formuliert es als Berücksichtigung der Orts- und Zeitverhältnisse, die gezielt angesprochen werden, als Orientierung an den örtlichen Gegebenheiten, den Witterungsverhältnissen, der Jahreszeit. Die grundsätzliche Offenheit der Benediktusregel für sich wandelnde Situationen und die Flexibilität, darauf zu reagieren. zeigt die Souveränität ihres Verfassers und ermöglicht es, auch heute nach den Grundkomponenten seiner Regel zu leben.

13. Charisma Gastfreundschaft

Als ein besonderes Charisma der Benediktusregel muss die Gastfreundschaft genannt werden mit einer ausdrücklichen Willkommenskultur. Benediktinisches Leben kennt grundsätzlich keine Berührungsängste und ist angelegt auf Teilgabe und Teilnahme am Leben der Gemeinschaft. In einem eigenen und in der Regelüberlieferung singulären Kapitel legt Benedikt seine Vorstellungen von Gastfreundschaft dar. Es trägt so sehr seine Handschrift, dass deutlich wird, wie entscheidend sie zum Leben der Mönche gehört. Im Mittelpunkt stehen daher nicht zuerst praktische Anweisungen zur Fremdenaufnahme, sondern die Einstellung und Hinwendung zu allen Menschen, die kommen. Den entscheidenden Impuls entnimmt Benedikt der Heiligen Schrift. Biblisches Vorbild ist Abraham mit seiner gastlichen Aufnahme der drei Fremden[47]. Im Kontext der alttestamentlichen Vorlage setzt er programmatisch das Wort aus der Gerichtsrede des Matthäus-Evangeliums über das Kapitel: „Denn er wird sagen: Ich war fremd und ihr habt mich aufgenommen" (RB 53,1; Mt 25,35). Gastfreundschaft ist eine der Einlassbedingungen in das Reich Gottes und Ort der Begegnung mit dem lebendigen Christus im Gast.

Alle Fremden

Das Kapitel beginnt pointiert mit dem Schlüsselwort: „Alle Fremden". Ein benediktinisches Spezifikum ist die grundsätzliche Offenheit jedem Menschen gegenüber, die ohne Auswahl Gastfreundschaft anbietet. Sie ist unabhängig von sozialen, politischen und religiösen Vorurteilen. Benedikt schließt keine Gruppe aus und stellt im Vergleich mit anderen Texten seiner Zeit keine Bedingungen. Die Klientel im Kloster Montecassino deckt ein breites Spektrum und unterschiedliche Interessen ab, die mit dem Klos-

47 Vgl. Gen 18,1–8.

ter verbunden werden: Bettler, Reiche und Einflussreiche, Bischöfe und fremde Mönche, Äbte und Priester, Pilger und Leute aus der Umgebung, Eintrittswillige, Mönche, die bleiben wollen, auch die Eltern, Verwandte, Besucher, Kunden der Werkstätten.

Eine besondere Vorliebe zeigt er für die Armen, von deren würdigen und liebevollen Aufnahme er eindringlich spricht. Man kann das als Option für die Armen bezeichnen: „Bei der Aufnahme der Allerärmsten bemühe man sich um größtmögliche Aufmerksamkeit und Sorge, denn gerade in ihnen wird Christus aufgenommen" (RB 53,15; Mt 25,40). Mit *pauperes et peregrini* werden zu seiner Zeit die Ärmsten der Armen, d. h. umherziehende Bettler bezeichnet. An dieser Stelle spricht Benedikt auch von den Reichen. Der Umgang mit ihnen ist ausgesprochen souverän. Sie werden nicht von der Gastfreundschaft ausgeschlossen, sondern behandelt wie andere auch, da „das herrschsüchtige Auftreten – *terror* der Reichen schon für sich selbst Ehrenbezeugungen einfordert" (RB 53,15). Benedikt versteht dies als Appell an seine Mönche, sich von dem Gebaren nicht beeindrucken zu lassen. Von besonderer Beflissenheit kann keine Rede sein.

Eine Gast-Liturgie

Grundlegend ist die Christus-Perspektive, wie schon in der Eingangsmotivation mit Mt 25,35 klar wird. Benedikt gestaltet daher eine Begrüßungs- und Entlassliturgie mit den Gästen durch das Gebet und den Friedensgruß, an der die ganze Gemeinschaft teilnimmt. Sie findet ihren Höhepunkt in der Blickrichtung auf Christus: „Bei der Begrüßung und beim Abschied verneigt man sich (vor den Gästen), wirft sich ganz zu Boden und bete so in ihnen Christus an, der in Wahrheit aufgenommen wird" (RB 53,7). Im Zeichen der Handwaschung und der Fußwaschung an den Gästen wird das bestätigt (RB 53,13). Diese Zeremonien sind als Modell zu lesen für die innere Haltung allen gegenüber, die zum Kloster kommen, nicht als schriftliches Rituale, zumal diese Gesten im

Kontext der Zeit Benedikts im christlichen Raum nicht befremdlich waren.

Ehrerbietung und Annahme

Die innere Haltung, mit der die Mönche auf die Gäste zugehen, ist bestimmt durch das Wort Ehrfurcht – *honor* (RB 53,2). Als Leitmotiv für den Umgang mit Menschen überhaupt gilt: „Alle Menschen ehren" (RB 4,8), eine persönliche Maxime Benedikts, die den gesamten zwischenmenschlichen Bereich prägt (RB 63,10). Hinzu kommt als weiteres Wort „aufnehmen", das sich wie ein Refrain durch das Gäste-Kapitel zieht und die Aufnahme eines Menschen im Sinn von Annahme, Akzeptanz und Bejahung meint (RB 53,1.7.8.14.15). Auch für die Brüder untereinander gilt diese Einstellung. Zudem verwendet die Benediktusregel es für die Bereitschaft in der Übernahme von Verantwortung in einem Amt, für Dienste und Aufgaben.

Geistliche Begleitung

Für die Gäste ist der Aufenthalt im Kloster der Wechsel in eine andere „Welt", eine Schwellen-Situation, die Begleitung braucht. Sie werden nicht allein gelassen, sondern in Formen geistlicher Hinführung nimmt sich die Gemeinschaft ihrer an. Zuerst werden sie zum Gebet geführt – zu verstehen als Einladung zum Stundengebet, die Hineinnahme in die Liturgie der Mönche und damit in die Mitte der Gemeinschaft. Als zweites spricht Benedikt davon, dem Gast Zeit zu widmen, sich mit ihm hinzusetzen und gemeinsam mit ihm aus der Heiligen Schrift lesen (RB 53,8–9). Durch das gemeinsame Bibelteilen wird dem Gast noch einmal seine Wertschätzung als Bruder im Glauben verdeutlicht. Es ist eine Begegnung auf Augenhöhe, die aus der Erfahrung des gemeinsamen Glaubens kommt. Es geht um das gegenseitige Zeugnis der jeweiligen Berufung, nicht um Belehrung.

humanitas

Im Anschluss daran spricht Benedikt von der *humanitas*, der weisen Menschenfreundlichkeit. Das Wort findet sich in der Benediktusregel nur an dieser Stelle, aber sein Gehalt ist typisch für Benedikt. Es meint Freigiebigkeit, Hochherzigkeit und Zuwendung und schließt Gastfreundlichkeit durch eine großzügige Bewirtung und Beherbergung ein.

Dieses Stichwort lässt Benedikt eine Reihe von praktischen Erläuterungen anfügen, die die Gastfreundschaft betreffen. Damit die Gäste, „die unvorhergesehen kommen und dem Kloster nie fehlen" (RB 53,16), zu jeder Zeit versorgt werden können, gibt es eine eigene Küche für sie. Die Betten im Gastbereich sollen immer gerichtet sein. Wer kommt, weiß, dass er willkommen ist und selbstverständlich alles vorbereitet ist. Bei allen praktischen Anweisungen steht die Kennzeichnung des Gastbereiches und des Klosters insgesamt als „Haus Gottes" im Mittelpunkt mit einem klaren geistlichen Profil der Brüder, die dort tätig sind (RB 53,21f.). So wird deutlich, dass die Gastaufnahme auf Christus hingeordnet ist, weil er der eigentliche Gastgeber ist.

Grenzen der Gastfreundschaft

Bei aller Offenheit und Großzügigkeit zeigt Benedikt auch Grenzen der Gastfreundschaft auf. Es gilt der Grundsatz, dass die gemeinsamen Anliegen des monastischen Lebens vorrangig schutzwürdig sind und trotz der Ausnahmen um des Gastes willen, die Benedikt in Bezug auf das Fasten und Schweigen nennt, nicht ohne weiteres außer Kraft gesetzt werden können: „... so werden die Brüder nicht gestört" (RB 53,16). Die Sammlung und Stille, der Tagesablauf die Anliegen des gemeinsamen Lebens bleiben übergeordnet. Nur die Beauftragten sprechen mit dem Gast. Die Brüder sollen sich nicht auf Gespräche einlassen, zur Vermeidung von Smalltalk, zur Wahrung der Diskretion und zum Schutz für Gast und Mönch. Diese

Grenzziehung bedeutet keine Abwehr gegen Gäste oder ihre Ablehnung, sondern den Schutz der monastischen Lebensform. Gastfreundschaft hat dann am längsten Bestand, wenn der eigene Lebensraum gewahrt bleibt. Die Gäste müssen diesen Lebensraum respektieren.

Benedikt richtet damit ebenfalls Erwartungen an die Gäste und darf dabei deren Einvernehmen voraussetzen. Nach antikem Verständnis übernimmt der Gast seinerseits Verpflichtungen dem Gastgeber gegenüber, indem er dessen Regulative akzeptiert. Sie sollten keine übertriebenen Ansprüche stellen und mit der vorgefundenen Situation zufrieden sein, nicht aber das ganze Kloster in Aufruhr versetzen (vgl. 'RB 61,2f.). Ist die Störung so gravierend, müssen Konsequenzen gezogen werden. Im Ernstfall wird dem Gast höflich die Aufforderung um Abreise nahegelegt (vgl. RB 61,6f.).

Jeder, der anklopft

Die Prämissen der Gastfreundschaft gelten nicht nur für Gäste, die für längere Zeit kommen, sondern für jeden, der anklopft. Die eigentliche Voraussetzung für die Gastfreundschaft formuliert Benedikt mit dem einzigartigen Satz: „Alle, die kommen, sollen dort immer jemanden antreffen, von dem sie Auskunft erhalten" (RB 66,2). Benedikt verwendet die Wendung „immer präsent sein – *semper praesens*". Das ist eine unvergleichliche Formulierung, die nicht nur den Pförtner betrifft, auf den sie sich bezieht, sondern viel vom Wesen und Selbstverständnis benediktinischer Gemeinschaft ausdrückt. Sie unterstreicht die Einstellung zum Umfeld und zur Umwelt des Klosters und ist für Menschen heute von besonderer Wichtigkeit. Diese Präsenz ist im Sinn intensiver Bereitschaft und umfassenden Inter-Esses zu verstehen, eines Dazwischen- und Dabeiseins an dem Ort, in der Welt und in der Zeit, in der die Mönche leben.

Benedikt verbindet mit der Präsenz der Gemeinschaft zwei Erwartungen. Zum einen spricht er davon, „eine Auskunft entgegenzunehmen" (RB 66,1). Das bedeutet, zuerst einmal Offenheit für das, was in der Welt vorgeht, aber auch das offene Ohr für den Besucher, aufmerksam sein, zuhören und wahrnehmen. Zum anderen erwartet Benedikt, dass immer jemand da ist, von dem die Menschen „Auskunft erhalten“ (RB 66,2). Wer kommt, hat ein Anliegen, auf das er eine Antwort erhofft. Das kann vielfältige Formen annehmen: Beistand geben, wo er nötig ist; für Menschen, die nach Orientierung, Lebenshilfe und Entscheidungshilfe suchen, geistliche Begleitung und Beheimatung anbieten, Teilhabe am Gebet, um sich tragen zu lassen von der langen Gebetstradition und von der Hoffnung, die der Glaube schenkt. Die Gemeinschaft muss aber auch verantwortlich wissen, welche Fragen und Anliegen sie nicht beantworten kann.

Den alltäglichen Besucher an der Pforte sieht Benedikt als einen Menschen, den der Herr schickt. Er ist Gabe Gottes und der Pförtner als Repräsentant der ganzen Gemeinschaft soll ihn gleichsam liturgisch begrüßen: „Sobald jemand anklopft oder ein Armer ruft, antwortet er: „Dank sei Gott“ und „Segne mich“ (RB 66,3). Der Pförtner bittet den Gast um den Segen und bestätigt damit die Sicht auf den Menschen, der kommt, als Gabe Gottes. Vielleicht hat Benedikt an den Satz des Augustinus gedacht, der erläutert: „Wer ‚Gott sei Dank‘ sagt, bezeigt Gott seine Dankbarkeit. Sieh doch, ob nicht ein Bruder Gott Dank sagen muss, wenn er seinen Bruder sieht“[48]. Im Hintergrund steht das altkirchliche Logion: „Hast du deinen Bruder gesehen, dann hast du deinen Herrn gesehen“ (Tertull., De orat. 26). So ereignet sich in jedem Besucher Begegnung mit Christus.

Der Gast als Gabe

Es bleibt ein entscheidendes Detail benediktinischer Einschätzung der Gastfreundschaft. Bei allem Bemühen um die Aufnahme sind nicht letztlich die Mönche die Gebenden, sondern der Gast ist

48 Aug., En.Ps. 132,6.

Gabe Gottes an die Gemeinschaft. Das macht Benedikt deutlich, wenn er im Angesicht des Gastes die Mönche den Psalmvers beten lässt: „Wir haben, o Gott, deine Barmherzigkeit aufgenommen inmitten deines Tempels“ (RB 53,14; vgl. Ps 48/47,10 Vulg.)[49]. Eine Auslegung zu diesem Psalmvers von einem Zeitgenossen Benedikts sagt: „'Barmherzigkeit' nennt man Christus, den Herrn, der sich der verwaisten Welt erbarmt hat. Nur dazu wollte er erscheinen, um jeden Glaubenden zu erlösen. Ein passender Name, eine sichere Verheißung, so dass jener „Barmherzigkeit“ genannt wird, der auch mit Recht Retter und Erlöser heißt“[50]. Im Gast kommt Christus, die Barmherzigkeit Gottes, und bleibt im Kloster, dem Haus Gottes, zurück.

Benedikt zieht als Hinweis von Gott sogar in Betracht, dass ein Gast Kritik äußern und auf Missstände aufmerksam machen kann. Dies soll allerdings mit Bedacht und begründet geschehen. Dann aber „erwäge der Abt klug, ob ihn der Herr nicht vielleicht gerade deshalb geschickt hat“ (RB 61,4). Diese Formulierung ist nicht nur eine zentrale Aussage über das Abtsverständnis Benedikts, sondern auch über seine Hochachtung des Gastes. Damit leistet dieser einen unschätzbaren geistlichen Dienst für das innere Wachstum der Gemeinschaft.

14. Mönch: Und wie wird man das?

Das Kapitel 58 über die Aufnahme neuer Brüder beginnt mit der Feststellung, dass jemand kommt, um Mönch zu werden. Die Reaktion darauf wirkt jedoch spröde und erweckt den Eindruck von

49 Zwischen dem Bibeltext Benedikts und der EÜ ergeben sich an manchen Stellen Differenzen. Die EÜ geht von der modernen Urtextfassung aus, d. h. für das Alte Testament vom hebräischen Text. Benedikt verfügt für das AT und damit für den Psalter über einen lateinischen Text, der mit neueren Übersetzungen nicht immer übereinstimmt, aber auch nicht immer mit der Vulgata.

50 Cassiod., Expos.Psalm. 47,10.

Zurückhaltung, ja Abwehr. Es ist jedoch Ausdruck der Ernsthaftigkeit, mit dem der Wunsch nach Aufnahme in das Kloster geprüft wird. Die Eingliederung in das Mönchtum hat ihr Vorbild im Umgang der Frühen Kirche mit den Taufbewerbern. Die Zulassung zur Taufe setzt eine Prüfung der Motive, der persönlichen Lebensumstände und der beruflichen Situation voraus. Die Entscheidung für ein christliches Leben wird nicht leicht gemacht. Diese Erprobung aus der Taufvorbereitung übernimmt auch die Benediktusregel für die Aufnahme neuer Brüder. Die Einschränkungen, die sie begleiten, rufen das Wort Jesu in Erinnerung: „Wenn einer von euch einen Turm bauen will, setzt er sich dann nicht zuerst hin und rechnet, ob seine Mittel für das ganze Vorhaben ausreichen?" (Lk 14,28). Diesem Anliegen dient auch die weitere Erprobung des jungen Mönchs. Geistliche Erfahrung und menschliche Klugheit gebieten in der Anfangszeit eine gewisse Distanz nicht nur zu allem, was der Novize hinter sich gelassen hat, sondern auch zur Gemeinschaft. So kann sich der Novize zunächst in einem geschützten Lebensraum in das Mönchtum einüben.

Geistliche Begleitung

Er ist dabei nicht allein. Einer der Brüder nimmt sich seiner in besonderer Weise an. Dieser Bruder ist charakterisiert als „*senior*", eine Bezeichnung, die keine Altersangabe ist, sondern in der Benediktusregel einen Mönch beschreibt, der durch seine Erfahrung und Bewährung im monastischen Leben für diese Einweisung geeignet ist. Benedikt bringt das in der prägnanten Wendung zum Ausdruck: „geeignet, um Menschen zu gewinnen" (RB 58,6). Damit ist die geistliche Unterscheidungsgabe dieses Bruders und seine Fähigkeit umschrieben, sich dem Neuling mit Verständnis und Ausdauer zuzuwenden. Er weiß, dass es nicht darum geht, einen Menschen für das monastische Leben oder die Gemeinschaft zu gewinnen, sondern für eine freie Entscheidung, ob diese Lebensform ihn zu Christus führt.

In dieser Zeit der Einweisung wird der Novize bekannt gemacht mit der Heiligen Schrift und der Regel des Klosters. „Er muss wissen, wozu er eingetreten ist“ (RB 58,12). Die Deutungshoheit liegt dabei bei der Regel und der Gemeinschaft. Dabei muss die eigentliche Motivation immer stärker in den Mittelpunkt treten. Benedikt formuliert sie mit dem Schlüsselsatz: „... ob er wirklich Gott sucht“ (RB 58,7). Diese Wendung ruft die Weisung des Evangeliums ins Gedächtnis: „Suchet zuerst das Reich Gottes ...“ (Mt 6,33). Der Grundauftrag der Mönche ist daher kein besonderer, spezieller und richtet sich nicht an eine Elite. Es ist die Botschaft Jesu, die es zu kennenzulernen gilt.

Das geschieht in einem langen Prozess der Unterweisung und Erprobung. Vor allem wird die Regel im Verlauf der Ausbildungszeit dreimal ‚vorgelesen‘. Vorlesen meint keinen monologischen Vortrag, sondern schließt im spätantiken und altkirchlichen Verständnis stets die Auslegung des Textes und das Gespräch darüber ein. Die Lebensweise des Klosters, die grundsätzlichen Anliegen des Mönchtums und seine Werte werden mit dem Novizen geklärt, damit er zu einer Entscheidung kommen kann. Die Aufgabe des neuen Bruders besteht darin, sich mit diesen Vorgaben auseinanderzusetzen und sich zu prüfen. Die eigentliche Erprobung geschieht jedoch im Alltag der Gemeinschaft, wenn Benedikt fragt, „ob er Eifer hat für das Stundengebet, ob er willig ist zu gehorchen und einfache Dienste zu tun“ (RB 58,7).

In Abständen von jeweils mehreren Monaten prüft er seinen Standort und seine Schritte auf dem Weg des geistlichen Lebens. Dieser Prozess der Klärung und Vergewisserung hat nichts mit Überredung zu tun, sondern fordert die selbständige und unabhängige Entscheidung des Novizen. Benedikt fasst das in die prägnanten Worte: er muss wissen, er muss wollen, er muss können. Die Benediktusregel respektiert diesen persönlichen Freiheitsraum und setzt ihn für die Echtheit der Berufung voraus.

Transparenz von Anfang an

Der junge Mönch begibt sich damit auf den Weg der Nachfolge. Dieser Weg ist nicht immer leicht. Zur Einweisung in die Lebensform des Mönchtums gehört daher, dass das Harte und Raue nicht verschwiegen wird: „Offen rede man mit ihm über alles Harte und Schwere auf dem Weg zu Gott“ (RB 58,8). Diese „Aufklärungspflicht“, die eine hohe Transparenz sichert, ist für eine echte Entscheidung unaufgebbar, da der Novize über die Konsequenzen der Lebensführung nach der Profess nicht im Unklaren gelassen werden darf.

Mit großer Vorsicht macht Benedikt daher auf mögliche Grenzen aufmerksam. Die Zeit der Einweisung ist dazu gedacht, ganz klar die Frage nach der Befähigung zum monastischen Leben zu stellen. Wenn der Novize zu der Überzeugung kommt, dass er diesen Weg nicht gehen kann, darf er dies in aller Freiheit und ohne schlechtes Gewissen wahrnehmen: „Siehe das Gesetz, unter dem du dienen willst; wenn du es beobachten kannst, tritt ein, wenn du es aber wirklich nicht kannst, geh in Freiheit fort“ (RB 58,10). Zum Bleiben-Wollen fügt Benedikt also das Bleiben-Können hinzu und spricht sein großes Vertrauen in die Entscheidungsfähigkeit des Menschen aus: „Und wenn er nach Abwägung bei sich selbst verspricht, sich an alles zu halten und alles, was man ihm aufgeträgt, zu befolgen, dann wird er in die Gemeinschaft aufgenommen“ (RB 58,14). Bei dieser Aufnahme in die Gemeinschaft steht aber nicht das Versprechen des Menschen im Mittelpunkt, sondern die Bitte an Christus: „Nimm mich auf, Herr, nach deinem Wort, und ich werde leben; lass mich in meiner Hoffnung nicht scheitern“ (RB 58,21; Ps 119/118,116).

Und was verspricht er?

Der Mönch, der sich für das Mönchtum auf Lebenszeit entschieden hat, verspricht in einem eigenen Ritus, den als erste die Bene-

diktusregel vorsieht, seine Bindung auf Lebenszeit. Es sind nicht bekannten drei ‚Gelübde': Gehorsam, Ehelosigkeit und Armut, die in dieser Formulierung erst im Mittelalter aufkommen. Die Inhalte sind jedoch in der benediktinischen Professformel eingeschlossen, in der sich der Mönch verpflichtet zur Beständigkeit, zu einer monastischen Lebensweise und zum Gehorsam.
Benedikt nennt diese Kennzeichnungen zum ersten Mal in der Tradition. Vor ihm ist kein Ritus überliefert, und inhaltliche Ausformungen bestimmter Versprechen sind nicht bekannt. Die Versprechen meinen keine speziellen und zusätzlichen Verpflichtungen. Vor allem handelt es sich nicht um Zustände, sondern um existentielle, geistliche und menschliche Fähigkeiten, die entwickelt werden müssen. Es geht nicht um Verzicht und Askese, sondern um Schlüsselqualifikationen menschlicher Existenz und um das Potenzial zur Weiterentwicklung einer monastischen Persönlichkeit. Das bedeutet, sie in Freiheit aus Engagement und innerer Überzeugung in verschiedenen Reifestufen zu verwirklichen.

stabilitas

Benedikt stellt den Mönch bei seiner Profess unter eine Verpflichtung, die als Charakteristikum benediktinischen Mönchtums bekannt ist: die Beständigkeit – *stabilitas* (RB 58,17). Damit kann keine „Beständigkeit der Füße", eine Ortsbeständigkeit gemeint sein, nur in dem Sinn, dass die Brüder an einem konkreten Ort zusammenleben. Die eigentliche Intention läuft auf etwas anderes hinaus. Was in diesem Zusammenhang als *stabilitas* bezeichnet wird, ist die Fähigkeit des Mönches zu bleiben, auch wenn schwierige Lebensphasen und prekäre Lagen der Gemeinschaft an Flucht denken lassen: „Dann fliehe nicht von Panik erfasst vom Weg des Heiles" (RB Prol. 48). Standhaftigkeit und Standhalten sind Ziel eines existentiellen Reifeprozesses. Damit geht es nicht um den Ort, sondern um die Nachfolge Jesu in einer verbindlichen Lebensordnung als grundsätzliche Treue zu dieser Gemeinschaft und als

Entschiedenheit zu dieser Lebensform. Das bedeutet kein Stillstand und kein Erstarren, keine Buchstaben- und Prinzipientreue, sondern die Fähigkeit, flexibel und anpassungsfähig zu bleiben.

Mit *stabilitas* ist daher die Fähigkeit genannt, sich entscheiden zu können und dieser Entscheidung treu zu bleiben und sich nicht in Unverbindlichkeit, Unzuverlässigkeit und Unentschiedenheit zu flüchten, was auf eine defizitäre menschliche und geistliche Reife schließen lässt. Der tiefste Sinn von Beständigkeit ergibt sich aus ihrer Hinordnung auf Christus. Das Johannes-Evangelium vor allem entfaltet eine Spiritualität des Bleibens. Die Abschiedsreden Jesu sind geprägt von seiner Bitte: „Bleibt in mir, dann bleibe ich in euch. Bleibt in meiner Liebe!" (Joh 15,4–9), und die johanneische Gemeinde ist eine Gemeinschaft von Menschen, die dabeibleiben. Ziel ist nicht, sich in gewohnten Räumen einzurichten, sondern das Wagnis, auf dem Weg zu bleiben, eine *stabilitas* im Unterwegs mit der Heiligen Schrift.

conversatio morum

Als zweites der Versprechen nennt Benedikt die Lebensweise des Mönchtums. Sie umfasst die ganze Gestaltung des monastischen Lebens. Grundsätzlich meint das Wort die Lebensweise eines Menschen, seinen Beruf, seinen Lebensstil. In der frühen Christenheit ergibt sich durch die Taufe die *conversatio* als Christ in Abwandlung von Phil 1,27: „Vor allem führt einen Lebenswandel, wie es dem Evangelium Christi entspricht – *digne evangelio Christi conversamini*". Dazu gehört wesentlich die Akzeptierung der Taufverpflichtungen, die sich für eine Lebensführung im Geist des Evangeliums ergeben. Zur Zeit Benedikts meint es fast ausschließlich die Entscheidung zu einer Lebensweise als Mönch mit dem entsprechenden Lebensstil, an den sich der Bruder anpassen muss.

Er verpflichtet sich verbindlich, seine gewohnte Lebensführung ab jetzt an den monastischen Standards, den koinobitischen Basics und den regelinternen Essentials auszurichten und seinen bisherigen Lebensstil, seine *mores*, also seine Bedürfnisse und Gewohnheiten, in Übereinstimmung mit den Werten und Idealen des monastischen Lebens zu bringen, wie es die monastische Überlieferung und die vorliegende Regel vorsehen. Damit wird die *conversatio morum suorum* ein Lern- und Lebensprozess, der niemals ganz abgeschlossen ist. Es geht daher in der monastischen *conversatio* um einen Prozess der ‚Evangelisierung' im eigenen Leben und des Reifens auf dem Weg des Glaubens, der von großer Dynamik begleitet ist. Das hält Benedikt ausdrücklich mit dem Schlüsselwort *processus conversationis et fidei* (RB Prol. 49) fest, der sich auf die monastische Lebensführung und auf den Glauben bezieht als ein kontinuierlicher Wandlungsprozess menschlicher und geistlicher Reifung: „Leben heißt: sich verändern. Vollkommen sein heißt: sich oft verändert haben" (H. Kardinal Newman). Für Benedikt muss sich dieser Prozess immer neu bewähren, wenn er für die Besetzung der Ämter und zur Erfüllung der Aufgaben im Kloster „Brüder von vorbildlicher Lebensweise – *sancta conversatio*" (RB 21,1) nennt.

oboedientia

Benedikt spricht als drittem Versprechen noch einmal vom Gehorsam. Die Thematik hat er bereits in verschiedenen anderen Kapiteln behandelt[51]. So kann er von einer umfassenden Kenntnis dieses missverständlichen Begriffs ausgehen. Die bekannteste und landläufig unangenehmste Konsequenz des monastischen Lebens ist der Gehorsam. Für viele ist Gehorsam der Gegenbegriff zur Freiheit und Selbstbestimmung, identisch mit dem Negativen schlechthin, der Abkehr von Mündigkeit, Selbstverantwortung, Denken und Selbstrespekt. Er verbindet sich mit Unterdrückung, Abhängigkeit, Aufgeben des eigenen Willens, des eigenen Denkens, der eigenen Persönlichkeit, mit totalitären Systemen und

51 S. auch o. S. 146–148.

Diktaturen. Dabei ist der Glaubens- und Lebensgehorsam gemeint, der das entscheidende Kriterium monastischer Existenz ist.

So betont Benedikt bereits am Anfang seiner Regel: „Durch die Mühe des Gehorsams kehrst du zu ihm, Christus, zurück“ (RB Prol. 2). Die Grundvoraussetzung signalisiert Benedikt mit dem markanten ersten Wort der Regel gelten: „Höre“ (RB Prol. 1) als programmatischer Auftakt. Damit wird ein sich durchziehendes Motiv der Heiligen Schrift genannt. Das biblische Hören ist kein eigentlich akustischer Vorgang, sondern ein Wort der Entscheidung und Beziehung. Es verbindet sich mit Glauben und Unglauben, wie es die zentrale Stelle Dtn 4,1 sagt: „Und nun, Israel, höre die Gesetze und Rechtsvorschriften, die ich euch zu halten lehre. Hört, und ihr werdet leben“. Nicht-Hören ist Ausdruck der Ablehnung und des Widerstandes. Entscheidend ist, wie Jesaja sagt: „Gott, der Herr. … Jeden Morgen weckt er mein Ohr, damit ich auf ihn höre wie ein Jünger“ (Jes 50,4). Vorbild ist der Gehorsam Jesu als Beispiel für seine Jünger und für die Getauften. Sein Leben steht ganz unter der Erfüllung des Willens des Vaters, um den es auch für den Glaubenden geht als Leben nach der Weisung der Heiligen Schrift. Für Benedikt ist das Nicht-Hören daher identisch mit dem destruktiven Eigenwillen als existentiellem Gegensatz zum Willen Gottes.

Benedikt intensiviert seinen Appell und spricht jeden einzelnen an: „Höre … und neige das Ohr deines Herzens“ (Ps 45,11; Spr 4,20; 5,1; 22,17). Dies bleibt als Grundausrichtung Weisung an den Mönch, die den gegenseitigen Gehorsam einschließt: „Sie wissen, dass sie auf diesem Weg des Gehorsams zu Gott gelangen“ (RB 71,2). Die Zielsetzung besteht darin, den Gehorsam umfassend zu verstehen und nicht ausschließlich hierarchisch. Benedikt korrigiert damit eine Sicht, die einen einseitig und absolut auf den Oberen bezogenen Gehorsamsbegriff vertritt. Gehorsam in der Gemeinschaft gilt nicht ausschließlich dem Abt gegenüber, sondern schließt ebenso die Brüder ein. Dieses Verständnis nimmt Benedikt in sein geistliches Testament am Schluss seiner Regel auf: „Im gegenseitigen Gehorsam sollen sie miteinander wetteifern“ (RB 72,6). Es geht allerdings nicht um die Umverteilung der Macht und Befugnisse von unten nach oben, nicht darum, dass jeder reihum Befehle geben darf. Es geht nicht um ein Oben oder Unten, sondern um gelebte Solidarität und um die Übernahme von Verantwortung für die Gemeinschaft. Gehorsam ist eine umfassende Chiffre für alles, was den anderen unterstützt und ihm hilft. Er sichert eine hohe Qualität des gemeinsamen Lebens und des gegenseitigen Dienstes.

Das Grundversprechen: Gott suchen

Die Professversprechen ergeben sich aus dem Grundverständnis Benedikts von monastischer Existenz. Er fasst es als ‚Bedingung‘ für die neuen Brüder zusammen mit dem Wort: „... ob er ehrlich Gott sucht“ (RB 58,7). Damit ist die Frage nach der Priorität gestellt. Welche Beweggründe hat der Mönch? Es handelt sich nicht um einen Schnupperkurs und auch nicht um ein Stochern im Nebel. Benedikt versteht es als „Christus suchen“ und greift damit zurück auf ein entscheidendes Element neutestamentlicher Jüngerberufung: „Was sucht ihr?“ (Joh 1,39; 20,15). Er erinnert zudem an die zentrale Forderung des Evangeliums: „Suchet zuerst das Reich Gottes“ (Mt 6,33; RB 2,35) und kennzeichnet den lebenslangen monastischen Weg als Wissen um das Ziel.

Das Stichwort der Gottsuche markiert vor allem die Gemeinschaft als diejenigen, die ausdrücklich miteinander „auf dem Weg“ sind. So ist es nur konsequent, wenn die Spiritualität der Benediktusregel vor allem die Erfahrung des Weges in das Zentrum rückt. Kaum ein Wortfeld findet sich häufiger als das der Bewegung, sodass Benedikt spricht von laufen, rennen, eilen, vorankommen, zurückkehren, hinwenden, weggehen, wiederkommen. Vor allem der Prolog der Benediktusregel als inhaltliches Portal markiert mit einer refrainartigen Wiederholung des Wortes *via* – ‚Weg‘ das Selbstverständnis als gemeinsamen Weg des Lebens, als Weg des Heiles, als Weg zu seinem Zelt, als seine Wege und Weg der Gebote Gottes, den die Brüder gehen unter der Führung des Evangeliums[52]. Hier lässt sich der Rückgriff auf die Bezeichnung der ersten Christen als „Anhänger dieses Weges" (Apg 9,2) ablesen. Damit die Einladung ausgesprochen, sich für Christus zu entscheiden. Es kein automatischer Weg, sondern er bleibt weiterhin durch Schritte der Entscheidung gekennzeichnet. Mönche sind Menschen, die „wissen, dass sie auf diesem Weg der lebenslangen Hingabe immer auf Gott zugehen" (RB 71,2). Auch wenn es ein lebenslanger Weg ist, ist er doch nicht unendlich. Benedikt schließt seine Regel mit einer starken Ermutigung und mit der Gewissheit: „Du kommst an" (RB 73,9) und meint damit das endgültige Ziel des Lebens in der Begegnung mit dem lebendigen Christus.

52 RB Prol. 20.21.24. 48.49.

III. Die Benediktusregel – Ein Christusbuch

Die Benediktusregel ist ein „Christusbuch“, in dem sich unvermutet viele, teilweise verdeckte Hinweise auf eine tiefe Christusbeziehung und Christusfrömmigkeit finden, die wie ein Netz vom Prolog bis zum Schlusskapitel die ganze Regel verbinden. Sie legt Zeugnis ab von und für Christus ist ein Bekenntnisbuch.

Der Name Jesus wie auch die Verbindung Jesus Christus kommen in der Benediktusregel jedoch nicht vor. Der Christus-Titel als der eigentliche Name spannt vom Prolog bis zum Schlusskapitel einen weiten Bogen. Wenn Benedikt von Christus spricht, verwendet er zudem die Hoheitsbezeichnungen „Gott“ und „Herr“. Er übernimmt damit die Christologie der Patristik, die die christologischen Titel vor allem aus dem Johannesevangelium und der paulinischen Literatur schöpft. Aber nicht die Titulatur, sondern der lebendige Christus ist das zentrale Thema der Benediktusregel überhaupt und das eigentliche Anliegen ihres Verfassers. Das Interesse Benedikts gilt nicht dogmatischen Formeln, sondern der Praxis des klösterlichen Alltags, die sich der Präsenz des auferstandenen, erhöhten und wiederkommenden Herrn immer bewusst ist. Das Christusverständnis und die Christusbeziehung Benedikts sind getragen von der offenkundig persönlichen Erfahrung eines Menschen, der diesen Herrn zum Mittelpunkt seines Lebens gemacht hat. Zurückhaltend und unaufdringlich lässt Benedikt einen offenen Zugang zu einer Christusbeziehung erkennen, von der er mit großer Zurückhaltung spricht. Letztlich geht es nicht nur darum, die Benediktusregel zu deuten, sondern denjenigen in den Blick zu nehmen, der selber im Mittelpunkt der Benediktusregel steht: Christus, der Herr und Gott. Auf ihn läuft der Weg des Menschen und des Mönches zu und er ist es, der ihm im Alltag begegnet. Benedikt hat seine Regel für Menschen geschrieben, die nichts höher schätzen als die Liebe Christi (RB 5,2). In diesen Raum der Christusliebe will er hineinführen.

1. Der Liebe Christi nichts vorziehen

Wie ein Rahmen fassen zwei programmatische Sätze die Benediktusregel ein. Sie formulieren die Beziehung zu Christus in dichter und intensiver Sprache. Es sind Deutesätze, die den Schlüssel für die Spiritualität Benedikts bilden und am Anfang und am Ende einen starken christozentrischen Akzent setzen. Zu Beginn der Regel weist Benedikt die Mönche auf die eigentliche Basis ihrer Berufung hin. Die Formulierung „Der Liebe Christi nichts vorziehen" (RB 4,21) gehört zu den stärksten in der Alten Kirche und gründet auf der Bereitschaft zur bedingungslosen Nachfolge mit all ihren Konsequenzen. Schon früh findet sie sich im Umfeld der Taufunterweisung, wenn Cyprian († 258) schreibt: „Der Liebe unseres Gottes Christus darf man nichts vorziehen"[1]. Er wiederholt sie wörtlich in seinen Anweisungen zur inneren Einstellung zu Verfolgung und Martyrium. Diese Konzentration auf die Liebe, die von Christus kommt, soll für den Getauften und den Mönch das einzig Wichtige sein. Gefordert ist die absolute Entscheidung des Menschen für Christus, der mit seiner Liebe im Leben des einzelnen gegenwärtig ist.

Der Satz wird dadurch unterstrichen, dass im Lateinischen für „Liebe" verschiedene Worte zur Verfügung stehen. Benedikt wählt an dieser Stelle das Wort *amor* in der Bedeutung von Leidenschaft, Gefühl und intensive Zuwendung. Dieses Wort bleibt ausschließlich der Beziehung Christi zum Mönch und des Mönches zu Christus vorbehalten. Es ist zuerst die Zuneigung Christi zum Menschen gemeint, wenn Benedikt von der *„amor Christi"* spricht, wie die biblische Botschaft zeigt, nämlich die Liebe, mit der Christus ihn

1 Cypr., Ad Quir. 3,18.

„zuerst“ geliebt hat (vgl. 1 Joh 4,10.19). In der Situation der Bewährung ist sie das einzig Tragfähige. Jede Liebe des Menschen „zu Christus“, ist Antwort und Ausdruck der Entscheidung für ihn.

2. Christus nichts vorziehen

Gleichsam als sein geistliches Testament kann das 72. Kapitel gelesen werden, in dem Benedikt sein zentrales Anliegen am Ende noch einmal ausspricht: „Christus sollen sie überhaupt gar nichts vorziehen“ (RB 72,11). Dieser Satz ist an markanter Stelle am Schluss der gesamten Regel positioniert und sagt in dieser Stellung im Kontext der Regel zusammenfassend und bestätigend das Wichtigste im Leben des Mönchs aus. Die Weisung Benedikts ist ebenfalls ein Zitat aus der Vaterunser-Erklärung Cyprians für die Neugetauften[2]. Er ist bei Cyprian Aufruf zur Bewährung in einer möglichen Verfolgung und Motivierung im Martyrium. Der wichtigste Zug dieser Martyriumsspiritualität ist allerdings nicht das Leiden, sondern die die erfahrene Nähe Christi in der Situation der Bedrängnis und des Todes, wie die Berichte über die Märtyrer mitteilen. In diesem Satz nimmt Benedikt dieses Erbe auf und macht damit auch für das Mönchtum die unmittelbare Ausrichtung auf die Person Christi zum Lebensthema. Cyprian fügt die Begründung hinzu, in der er die Zusicherung ausspricht: „... weil auch er – Christus – uns nichts vorgezogen hat“[3]. Diesen zweiten Teil übernimmt Benedikt nicht, aber die Zuversicht auf die helfende Liebe Christi ist der Tenor der Benediktusregel.

3. Der gegenwärtige Christus

Will man von einer Christuserfahrung bei Benedikt sprechen, dann ist es die des gegenwärtigen Christus – *Deus semper praesens*. Es

2 Cypr., De domin. orat. 15.
3 Ebd.

gibt keine Lebenslage und existenzielle Situation, die davon ausgenommen sind. Eine solche Gegenwart Christi ist bereits im Prolog vorausgesetzt. Der Berufungsdialog zwischen dem Hausvater Christus, der seinen Arbeiter sucht (RB Prol. 14; vgl. Mt 20,1), und dem Menschen, der angesprochen wird, endet in einer Zusage und Verheißung, die die Gegenwart Christi zum eigentlichen Zentrum nicht nur des Prologs, sondern der gesamten Benediktusregel macht. Diese Verse gipfeln in der Aussage: „Und noch ehe ihr zu mir ruft, sage ich euch: Seht, ich bin da – *Ecce adsum*" (RB Prol. 18). Die Aussage ist eine Kombination aus Zitaten des Propheten Jesaja, die schon in der frühen Väterzeit auf Christus hin ausgelegt wurden. Diese Zusage wird noch intensiviert durch das vorausgehende: „... noch ehe ihr zu mir ruft". Es steht für bedingungslosen Beistand, für Zuwendung und Beziehung. Diese bewährt sich vor allem in Situationen der Anfechtung, in der Benedikt wiederum die Verheißung gibt: „Gott ist immer da – *Deus semper praesens*" (RB 7,14.23), nicht als Kontrolleur, sondern als Beistand. Der ganze Alltag und alle Schwierigkeiten des einzelnen Mönchs stehen unter der helfenden Nähe Christi.

Benedikt fass dies mit einer grundsätzlichen Aussage zusammen: „Überall ereignet sich göttliche Präsenz" (RB 19,1). Die Vorstellung von der Allgegenwart Gottes ist Grunderfahrung für die Frömmigkeit der Alten Kirche, auf die Benedikt zurückgreift. Dies ist nicht als Bedrohung und als „Ein Auge ist, das alles sieht" zu verstehen, sondern im Sinn der Zuwendung des Herrn, der den Menschen niemals fallen lässt. Aber es schwingt auch der Gedanke mit, dass der Mensch sich im Angesicht Gottes seiner Bedürftigkeit bewusst ist und der Korrektur bedarf.

4. Mit der Hilfe Christi

Die Erfahrung der Gegenwart Christi ist zugleich die Vergewisserung seiner Hilfe und seines Beistands, die sich wie ein roter Faden durch die ganze Regel zieht. Der Mönch ist uf seinem Lebensweg nicht alleingelassen. Diese Gewissheit verbindet sich mit dem alten monastischen Dauergebet: „O Gott, komm mir zu Hilfe. Herr, eile mir zu helfen“ (Ps 70,2). Dieser Psalmvers prägt wie kaum ein zweiter das Leben der Mönche. Cassian findet mit ihm das Schriftwort, das bei ihm zum Ausdruck des Betens schlechthin wird und dem er eine lange Abhandlung widmet. Er empfiehlt es in allen Lebenslagen: „Dieser (Vers) ist von wenigen noch übriggeblieben, die uns von den Alt-Vätern überliefert wurden. ... Dieses Gebetswort soll der Mönch unaufhörlich festhalten, bis er gestärkt durch seinen immerwährenden Gebrauch und die beständige Erinnerung, ... sein Leben und Wesen jeden Augenblick durch Gottes Hilfe erhalten weiß und sich ganz zu Recht als einen wahren Bettler vor dem Herrn bekennt“[4].

Dieses Wissen um den helfenden Christus bewährt sich für Benedikt auch in unlösbaren Konflikten. Wenn den Mönch unausweichliche Schwierigkeiten herausfordern, motiviert er ihn zur Resilienz durch die Zusage: „Im Vertrauen auf die Hilfe Gottes“ (RB 68,5). Am Schluss fasst Benedikt diese Einsicht mit einem unauffälligen Hinweis auf Ps 70,2 zusammen und stellt das ganze des Mönchs in einer kunstvollen sprachlichen Figur in den weiten Horizont des helfenden Christus: „Mit der Hilfe Christi ... unter dem Schutz Gottes – *adiuvante Christo ... Deo protegente*“ (RB 73,8–9). Christus ist dem Mönch auf dem ganzen Weg gegenwärtig. Diese Gewissheit, die die Gestalt Christi immer deutlicher hervortreten lässt, ist die spirituelle Mitte der ganzen Regel.

5. Zu Gott gehen

Mit einem kleinen Wort: „*ad* – zu, hin“ spricht Benedikt die Zielrichtung des Lebens aus: zu Gott, zu Christus gehen ist der eigentliche Sinn des monastischen Lebens: „Sie wissen, dass sie zu Gott unterwegs sind“ (RB 71,2). Unter dieser Perspektive verläuft der

4 Cass., Coll. 10,10,2–3.15; 10,11,1.

Weg des Mönches von Anfang an. Wenn dem Novizen das Harte und Schwere vor Augen gestellt wird, ist das nur der eine Teil der Wirklichkeit. Die eigentliche Aussage gipfelt der Verheißung: „Er geht auf Gott zu – *itur ad deum* (RB 58,8).

Dieses Ziel bleibt ein Leben lang im Blick des Mönches. Benediktinisches Lebens ist immer ein Gehen auf Gott, auf Christus zu. Es ist zugleich auch Rückkehr zu Christus. Das Leben des Getauften ist ein ständiger Weg der Rückkehr zu seiner eigentlichen Bestimmung. Was die Kirchenväter mit der Rückkehr ins Paradies gemeint haben, bestimmt Benedikt am Ende der Regel umschreibt mit dem Eilen zum himmlischen Vaterland – *ad patriam* bestimmt er zu Beginn als „zurückkehren zu Christus" (RB 73,8; Prol. 2) und fasst damit den lebenslangen Prozess zusammen, der dem Mönch aufgetragen ist.

Diesen Weg der Rückkehr braucht der Mönch aber nicht allein zu gehen. Mit ihm die anderen Mönche unterwegs. Gemeinsam sind sie mit Christus auf dem Weg. Benedikt betont gleichzeitig, dass Christus nicht nur das Ziel des Weges ist, sondern selber mitgeht, nicht nur als Begleiter, sondern als der, der den Weg kennt und nach der Aussage des Johannesevangeliums der Weg ist (vgl. Joh 14,6). Mehr noch: „Er führt uns gemeinsam zum ewigen Leben" (RB 72,12). Ausdrücklich stellt Benedikt im letzten Satz seines vielleicht wichtigsten Kapitels Christus als den Handelnden in den Mittelpunkt. Er geleitet die ganze Gemeinschaft und jeden einzelnen, so wie er einst sein Volk durch die Wüste geführt hat[5]. Als zuverlässiger Gefährte der Erlösten führt er sie zu sich selbst.

5 Vgl. Ex 13,21; 15,13; Dt 32,12.

Die Benediktusregel – Eine unendliche Wirkungsgeschichte. Ein kurzer europäischer Überblick

Die Benediktusregel hat eine unvergleichbare und bis heute nachhaltige Wirkungsgeschichte, die identisch ist mit der Geschichte der Benediktiner und Benediktinerinnen, einer Geschichte, die über viele Jahrhunderte zusammengeht mit der abendländischen Kultur- und Zivilisationsgeschichte, mit ihrer Kirchen- und Politikgeschichte[1]. Der Weg der Benediktusregel lässt sich allerdings bis zu ihrer erstmaligen Erwähnung nicht genau nachweisen. Es ist plausibel, dass die Mönche, die bei der Zerstörung des Klosters auf dem Montecassino um 572 nach Rom geflüchtet sind, das Autograph der Regel mitgenommen haben, wie eine spätere Quelle beschreibt[2]. Die älteste Erwähnung der Benediktusregel findet sich – historisch ein höchst komplexer Vorgang – um 625 im Süden Frankreichs. Ein sonst unbekannter Abt Venerandus schreibt an den Bischof Constantius von Albi, er habe in dem von ihm gegründeten Kloster Altaripa die „Regel des heiligen Benedikt, des römischen Abtes – *Regulam sancti Benedicti abbatis romensis*“ als Lebensnorm eingeführt[3]. Eine Abschrift des Regeltextes legt er bei. Zeitgleich findet sich eine klare Auskunft mit der Nonnenregel des Donatus, Bischof von Besançon, der für die Gründung des dortigen Frauenklosters

---

1 Vgl. dazu ausführlich: Dell'Omo, M., Geschichte des abendländischen Mönchtums vom Mittelalter bis zur Gegenwart. Das Charisma des hl. Benedikt zwischen dem 6. und 20. Jahrhundert (StudMitt Ergbd. 51), St. Ottilien 2017.

2 Vgl. Paul. Diac., Hist. Langobard. 6,40.

3 Ep. ad Constantium episcopum Albigensem auctore Venerando, in: Epistulae aevi Merovingici (hrsg. von W. Gundlach, CCL 117), Turnhout 1957, 502–503.

625 neben kurzen anderen Regelfragmenten umfangreich die Benediktusregel wohl über das Kloster Luxeuil übernimmt[4] und damit zur sog. Mischregelepoche überleitet. Dieser Text, der erhalten ist und identisch mit dem Text von Montecassino, zeigt zudem, dass von Anfang an Frauen nach der Regel des heiligen Benedikt ohne Veränderungen gelebt haben, außer der Umwandlung des grammatikalischen Genus. Sie findet sich dann ebenfalls an anderen Orten, zunächst noch als sog. Mischregel, d. h. in Verbindung mit anderen Regeln. Auch hier lässt sich beobachten, dass der Anteil der Benediktusregel jeweils signifikant größer ist. Nur wenige Jahre später setzt eine Entwicklung ein, die schließlich ein rein benediktinisches Mönchtum hervorbringt.

In Angelsachsen gelangt sie zu Beginn des 7. Jahrhunderts zur Alleingültigkeit, wird zur Lebensnorm von Großklöstern, die die kirchlichen und kulturellen Zentren des Landes bilden. Von England kommt der Benediktiner Winfrid-Bonifatius (672/73–754) mit seinen Gefährten nicht nur zur Missionierung, sondern auch zur Neu-Evangelisierung auf den Kontinent. Die Klöster, die er gründet, leben nach der Benediktusregel. Die Frauen aus angelsächsischen Benediktinerinnenabteien, die mit ihm kommen, sind hochgebildet und prägen in ihren Klostergründungen auf dem Festland das geistige, kulturelle und zivilisatorische Gesicht ihrer Zeit mit. Bonifatius führte auf der ersten austrasischen Synode, dem sog. Concilium Germanicum, 742 die Benediktusregel für alle Mönchs- und Nonnenklöster ein.

Wenige Jahrzehnte später erlangte sie auf der Synode von Aachen (817) durch Ludwig der Fromme endgültig für alle Männer- und Frauenklöster im gesamten Karolingerreich alleinige Verbindlichkeit. Eng damit verbunden ist der Name des Benedikt von Aniane[5]. Schon vorher breitet sie sich in Italien aus und erobert dann

4 Regula Donati. S. Verzeichnis der Werkausgaben.

5 Traditio legis. Schlaglichter auf 1200 Jahre Rezeptionsgeschichte der Gestalt des Benedikt von Aniane, hrsg. v. Th. Richter/O. J. Kaftan OSB (SMGB Ergbd. 56), St. Ottilien 2022.

das ganze europäische Festland, von Portugal bis in das Baltikum, vom Atlantik bis weit in den mittel- und osteuropäischen Raum hinein. Mönchtum wird für Jahrhunderte identisch mit Benediktinertum. Der abendländische Raum wird geprägt von einem Netz der Abteien, die Stätten monastisch-geistlichen Lebens sind, Basis der Evangelisation und Zentren kultureller und zivilisatorischer Tätigkeit.

Nach Jahrzehnten des Niedergangs wird die Abtei Cluny in Burgund (gegr. 910) zu einer Stätte der Reform in Treue zur Benediktusregel mit dem Recht der freien Abtswahl. Sie steigt schnell zu größter Machtfülle im kirchlichen, monastischen und politischen Bereich auf. Von noch größerer Bedeutung ist Stellung, die Cluny der Feier des Gotteslobes einräumt. Die cluniazensische Reform strahlt monastisch und organisatorisch in ganz Europa aus und findet u. a. einen Schwerpunkt in Hirsau/Schwarzwald. Auf dem Höhepunkt der Ausstrahlung zeichnet sich jedoch bereits der Niedergang von Cluny ab.

Die geistige Kraft der Benediktusregel lässt immer wieder neue Reformgruppen entstehen. Mit Bernhard von Clairvaux († 1153) erwächst dem Bemühen um ein Leben gemäß der Benediktusregel ein Reformer, durch den die Bewegung der Zisterzienser ihre eigentliche Wirksamkeit erhielt. Sie wollten die Benediktusregel wörtlich befolgen und stellten Armut, Handarbeit und die schlichte Gestaltung der Liturgie in den Mittelpunkt ihres Bemühens.

Auch das späte und ausgehende Mittelalter zeigt Verfallserscheinungen sowie personellen und wirtschaftlichen Niedergang der Klöster. Die Reformkonzilien von Konstanz (1414–1418) und Basel (1431–1443) geben wichtige Impulse für die Erneuerung, die sich in zahlreichen Reformbestrebungen niederschlagen. Große Bedeutung kommt dabei der Bursfelder Kongregation (1439) zu wie auch der Abtei Kastl. Die Abtei Melk wurde zu einem Reformmittelpunkt benediktinischen Mönchtums in der damaligen Zeit und erfasste eine Reihe von Klöstern. Auch andere Abteien wurden in dieser Zeit zu Zentren einer benediktinischen Reform.

Die Zeit der Reformation veränderte in weiten Teilen Europas die Klosterlandschaft stark. Viele Klöster verschwanden ganz. Auch für die erhalten gebliebenen Klöster war das 16. Jahrhundert eine schwierige Zeit. Erst die Tridentinische Erneuerung gab nachhaltige Reformimpulse. Die dritte Sitzungsperiode des Konzils von Trient (1545–1563) befasste sich mit der Reform des Klosterlebens und des Gottesdienstes und es wurde beschlossen, dass die Klöster sich zu Kongregationen zusammenschließen sollten. Generalkapitel und regelmäßige Visitationen wurden allgemein eingeführt.

In der Barockzeit nahm der Einfluss der Jesuiten auf die benediktinische Observanz stark zu. Benediktiner studierten an Kollegien und Universitäten der Jesuiten. In Frankreich übte die Kongregation der Mauriner (1621) durch Studien, wissenschaftliche Arbeiten und die Herausgabe von Quellen nachhaltigen Einfluss aus. Das trug auch in Deutschland und Österreich zu einer benediktinischen Barockkultur bei, die die Bildung hochhielt und ihren architektonischen Höhepunkt in großen Klosteranlagen und prächtigen Kirchen fand. Zugleich kam es zu einer Rückbesinnung auf das monastische Ideal, die sich in der Feier des Chorgebetes, in der Beobachtung strenger Askese, in Studium und Forschung niederschlug.

Die geistesgeschichtliche Epoche der Aufklärung in Europa vom Ende des 17. bis ins 19. Jahrhundert ließ auch die Klöster nicht unberührt. Die hohe Bewertung der Vernunft führte dazu, diese als einzige und letzte Instanz über Wahrheit oder Falschheit einer Erkenntnis anzuerkennen. Aus dieser nahezu absoluten Bewertung der Vernunft ergab sich die Kritik an allem, was als autoritätsbezogen und irrational angesehen wurde wie z. B. der christliche Offenbarungsglaube. Auch politische, gesellschaftliche und kirchliche Traditionen und Institutionen wurden der Kritik unterzogen. Dem fiel vor allem das Mönchtum als Inbegriff des Obskuren und Fanatischen zum Opfer. Auch die Gemeinschaften selber waren vom aufklärerischen Ideentum erfasst.

Parallel dazu verlief eine äußere Säkularisation: in Frankreich brachte die Revolution von 1789, in Österreich die Josephinische Reform ab 1780 und in Deutschland die Säkularisation von 1803 fast sämtlichen Klöstern die Aufhebung. Wo die Abteien weiterbestanden, mussten sie seelsorgliche Aufgaben in Pfarreien oder Schulen und karitative Einrichtungen übernehmen.

Diese aussichtslose Lage wurde in weniger als einer Generation durch die katholische Restaurationsbewegung als Kennzeichen der Kirche im 19. Jh. entscheidend verändert und nahm ihren Anfang 1830 mit der Wiederbesiedlung des Klosters Metten. Zwei neue Gründungen in Frankreich und Deutschland brachten auch an anderen Orten den Neubeginn des benediktinischen Mönchtums. Mit der Gründung von Solesmes 1833 durch Prosper Gueranger († 1875) und der Bildung der französischen Kongregation (1837) gingen seine monastischen und liturgischen Impulse weit über Frankreich hinaus. Pfarrseelsorge und Schulen wurden abgelehnt. Die Gründer von Beuron (1863) und der Beuroner Kongregation Maurus († 1890) und Plazidus († 1908) Wolter waren von diesem Ideal nachhaltig beeinflusst. Doch neben der Pflege von Wissenschaft und Kunst galt auch die außerordentliche Seelsorge als klösterliche Aufgabe.

Der Gedanke der Missionstätigkeit, der in diesen Jahrzehnten aufkam, griff auf eine Tradition seit der frühen Karolingerzeit zurück: die Evangelisation. Zur Betreuung deutscher Einwanderer ging Bonifatius Wimmer († 1887) von Metten nach Nordamerika, wo aus St. Vincent (1846) die amerikanisch-cassinesische Kongregation (1855) entstand. Für die Auswandererseelsorge gründeten die Abteien Einsiedeln und Engelberg im 19. Jahrhundert in den USA Klöster, die in der helvetisch-amerikanischen Kongregation zusammengeschlossen sind (1881); im 20. Jahrhundert folgten Gründungen in Argentinien und Kamerun.

Der Gedanke der Missionierung bewegte auch den Beuroner Mönch Andreas Amrhein († 1927), der die Kongregationen der Missionsbenediktiner von St. Ottilien und der Missions-Benediktinerinnen von Tutzing gründete. Er sandte 1887 Mönche nach Ostafrika, später kamen Korea, China, Südafrika, Venezuela, die Philippinen und viele weitere Länder hinzu. Damit verbunden war 1885 die Gründung der Missionsbenediktinerinnen von Tutzing, die vor allem in Afrika und Asien über zahlreiche Gemeinschaften mit einem umfangreichen Einsatz in caritativen und medizinischen Einrichtungen, in Schulen und Ausbildung tätig sind.

Auf Wunsch von Papst Leo XIII. schlossen sich die benediktinischen Kongregationen 1893 zu einer Konföderation zusammen, an deren Spitze der Abtprimas steht. Er wird von den Äbten auf Zeit gewählt und besitzt keine rechtlichen Vollmachten. Der Abtprimas vertritt die Klöster der Konföderation an der römischen Kurie. 1888 wurde in Rom die Benediktiner-Hochschule Sant'Anselmo eröffnet.

Im ausgehenden 19. und beginnenden 20. Jahrhundert prägten viele Klostergründungen das Bild des Mönchtums. Die benediktinischen Abteien waren wegweisend für die biblische und liturgische Bewegung, in Deutschland vor allem Beuron und Maria Laach. Sie standen für ein neues Bewusstsein bei der Feier der Eucharistie und des Stundegebetes und in der Einschätzung der Heiligen Schrift.

Neben vielen unterschiedlichen Formen benediktinischen Mönchtums darf der Ordenszweig nicht unerwähnt bleiben, der im 17. Jahrhundert von Mechthilde de Bar als „Benediktinerinnen von der Ewigen Anbetung des Heiligsten Sakraments" gegründet wurde. Im Mittelpunkt stand dabei die ununterbrochene Anbetung des Altarsakramentes. Der Sühnegedanke für die in den Religionskriegen geschehenen Gräuel prägte die Spiritualität. Schnell verbreiteten sich die Klöster und fanden im 19. und zu Beginn des 20. Jahrhunderts großen Zustrom auch im deutschsprachigen Bereich, der sich in zahlreichen Gründungen bekundete.

Die Zeit des Nationalsozialismus und der Zweite Weltkrieg brachten vielen Klöstern nicht nur in Deutschland die Ausweisung der Mönche, Aufhebung und Zerstörung. Die leidvollen Erfahrungen dieser Jahre führten unmittelbar nach dem Zweiten Weltkrieg zu zahlreichen Eintritten in benediktinische Gemeinschaften. Einerseits brachte dies eine Sicherung der Observanz der vergangenen hundert Jahre mit sich, andererseits das Wissen, dass die Zeiten starke Veränderungen mit sich brachten.

Mit dem Zweiten Vatikanischen Konzil setzte eine Neubesinnung und eine teilweise Umorientierung ein. Von besonderer Bedeutung für die nachkonziliare Erneuerung war das Dekret „Über die zeitgemäße Erneuerung des Ordenslebens". Zur Rückbesinnung auf die Quellen des Mönchtums und den Geist der Benediktusregel trat der Grundsatz der Anpassung an die Erfordernisse der Welt von heute. Es kam zum Durchbruch von spirituellen und sozialen Entwicklungen, die schon seit Jahren vorbereitet waren. Dieser Aufbruch hat – wie in der Gesamtkirche – zugleich eine Verunsicherung mit sich gebracht, die sich in zahlreichen Austritten zeigte, während die Zahl der Neueintritte stark zurückging. Auf diese Zeit des Suchens und der Experimente der 60er und 70er Jahre des 20. Jahrhunderts ist im Kernbereich des benediktinischen Lebens eine gewisse Konsolidierung gefolgt, da inzwischen jede Gemeinschaft für die Eucharistiefeier und das Stundengebet die Form gefunden hat, die jeweils der konkreten Situation angemessen ist. Andererseits hat sich der Trend des personellen Rückgangs weiter verstärkt, so dass etliche Klöster und Gemeinschaften aufgelöst sind, andere sich in einem Zukunftsprozess befinden und nach Möglichkeiten suchen, unter stark veränderten Bedingungen z. B. auch im Bereich der Arbeitsfelder, Sachgebiete und Aufgaben umzustrukturieren und Wege zu finden.

Auf der Grundlage der Benediktusregel sind in den vergangenen Jahrzehnten ebenso neue Gemeinschaften und Kommunitäten entstanden. Sie verbinden als monastische Gemeinschaften, als Säkularinstitute oder Weltgemeinschaften Stundengebet und gemeinsames Leben mit Berufsarbeit, mit sozialen und missionarischen Diensten. Benedikt ist zudem ein Heiliger der noch ungeteilten Christenheit. Seine Regel: nicht vorkonfessionell, sondern überkonfessionell. Damit ist ein Aspekt gelebter Ökumene eröffnet, da heute Gemeinschaften in den Kirchen der Reformation die Benediktusregel in ihre Lebensgestaltung mit einbeziehen. Sie bewahrt zugleich im Stundengebet ein uraltes, die Religionen überspannendes Gebetserbe: die Psalmen Israels. Auch darin ist die Benediktusregel nachhaltig in einer Welt, die auf der Suche ist nach Verständigung, die das Gemeinsame im Bekenntnis des einen Gottes betont und den Dialog unter den Religionen fördert.

Abkürzungsverzeichnis

BKV	Bibliothek der Kirchenväter: 1. Reihe, 1869–1888; 2. Reihe, Reihe I, 1911–1931; Reihe II, 1932–1938.
CCL	Corpus Christianorum, Series Latina, Turnhout
CSEL	Corpus Scriptorum Ecclesiasticorum Latinorum, Wien
Dial.	Dialoge
Ep.	Epistula
FC	Fontes Christiani, Freiburg - Turnhout
GNO	Gregorii Nysseni Opera
PG	Patrologia Graeca
PL	Patrologia latina
Praef.	Praefatio
Prol.	Prolog
RB	Regula Benedicti; Benediktusregel
RM	Regula Magistri; Magisterregel
SC	Sources Chrètiennes, Paris

Quellen und Literatur

Ausgaben der RB

Benedikt von Nursia, Benedicti Regula (hrsg. von R. Hanslik, CSEL 75), 2. Aufl., Wien 1977.

Die Benediktusregel. Hrsg. im Auftrag der Salzburger Äbtekonferenz. Neu überarb. u. gestalt. lat.-dt. Ausg., 5. Aufl., Beuron 2011.

Vogüé, A. de, La Règle de saint Benoît. Commentaire historique et et critique, Bd. 1–6 (SC 181–186), lat.-franz., Paris 1971–1972. Bd. 7: Commentaire doctrinal et spirituel, Paris 1977.

Ausgaben von Gregor d. Gr., Dialoge II

Grégoire le Grand, Dialogues, ed. A. de Vogüé, transl. P. Antin, 3 Bde (Sources Chrétiennes 251, 260, 265), lat.-franz., Paris 1978–1980.

Gregor der Große: Der hl. Benedikt. Buch II der Dialoge. Hrsg. im Auftrag der Salzburger Äbtekonferenz, lat.-dt., 2. Auflage, St. Ottilien 2008.

Quellen zur RB

Ambrosius, S. Ambrosii Opera, Expositio de psalmo CXVIII (hrsg. von M. Zelzer, CSEL 62), Wien 1999.

Ambr., Off.; S. Ambrosii Mediolanensis De officiis (hrsg. von M. Testard, CCL 15), Turnhout 2000; Ambrosius v. Mailand, Über die Pflichten (BKV 2. Reihe Bd. 32), Kempten-München 1917.

Apophthegmata Patrum, PG 65; Weisung der Väter: Apophthegmata patrum, übers. von. B. Miller (Sophia 6), 4. unver. Auflage, Trier 1998.

Athan., Vita Ant.; Athanasius v. Alexandrien, Vita Sancti Antonii; Athanase d'Alexandrie, Vie d'Antoine. Einleitung, Text, Übers., Anmerkungen u. Indices von G. J. M. Bartelink (SC 400), Paris 1994; Athanasius, Leben des heiligen Antonius (BKV 2. Reihe Bd. 31), Kempten-München 1917.

Ep. 10 ad Marcellinum; Epistula ad Marcellum; Athanasii Opera, PG 27, Sp. 12–45; Athanasius, Brief an Marcellinus, in: „Ausgestreckt nach dem, was vor mir ist". Geistliche Texte von Origenes bis Johannes Climacus (Sophia 30). Hrsg. von H. J. Sieben, Trier 1998, 143–179.

Aug., Conf.; Augustinus; S. Augustini Confessionum Libri XIII (hrsg. von L. Verheijen, CCL 27), Turnhout 1981; Augustinus, Dreizehn Bücher Bekenntnisse, übers. von C. J. Perl (Deutsche Augustinus-Ausgabe), Paderborn 1964

En.Ps.; Aurelius Augustinus Enarrationes in Psalmos (hrsg. von E. Dekkers/J. Fraipont, CCL 38, 39, 40) Turnhout 1956; Aurelius Augustinus, Über die Psalmen. Ausgewählt und übertragen von Hans Urs von Balthasar (Christliche Meister 20), 3. Auflage, Einsiedeln 1996.

Op. monach.; S. Aurelii Augustini De opere monachorum (hrsg. von J. Zycha, CSEL 41), Wien 1900, 529–596; Augustinus, Die Handarbeit der Mönche, in: S. Frank, Frühes Mönchtum und Abendland 1: Lebensformen, Zürich 1975.

Ordo monasterii, lat.-engl., in: G. Lawless: Augustine of Hippo and his monastic Rule, Oxford ^{2}1991.

Praec.; Praeceptum, in: L. Verheijen, La Règle de Saint Augustin, I. Tradition manuscrite, Paris 1967, 417–437; Augustinus von Hippo, Regel für die Gemeinschaft. Einf. u. Komm. von T. J. van Bavel, Übers. von L. Horstkötter, Würzburg 1990.

Basilius, Basili Regula (hrsg. von K. Zelzer, CSEL 86; lat. Übers. des Rufinus), Wien 1986; Frank, K. S., Basilius von Caesarea. Die Mönchsregeln. Einführung und Übersetzung, St. Ottilien 1981; Regulae Morales *oder* Ethica, Patrologia Graeca (PG) 31, Sp. 692–869.

Benedikt von Nursia, Benedicti Regula (hrsg. von R. Hanslik, CSEL 75), Wien 2. Aufl. 1977; Vogüé, A. de, La Règle de saint Benoît. Commentaire historique et et critique, Bd. 1–6 (SC 181–186), lat.-franz., Paris 1971–1972. Bd. 7: Commentaire doctrinal et spirituel, Paris 1977. Die Benediktusregel. Hrsg. im Auftrag der Salzburger Äbtekonferenz. Neu überarb. u. gestalt. lat.-dt. Ausg., 5. Aufl., Beuron 2011.

Caesarius v. Arles, Regula Virginum, in: J., Césaire d'Arles: Œuvres monastiques I Einleitung, Text, Übersetzung und Anmerkungen von A. de Vogüé/J. Courreau, (SC 345), Paris 1988, 170–273.

Cass.; s. Johannes Cassianus.

Cassiod., Expos.Psalm.; Magni Aurelii Cassiodori Expositio Psalmorum (hrsg. von M. Adriaen, CCL 97–98), Turnhout 1958.

Institut.; Cassiodor, Institutiones divinarum et saecularium litterarum. Einführung in die geistlichen und weltlichen Wissenschaften, übers. u. eingeleitet von W. Bürsgens, (FC 39/1–2), lat.-dt., Freiburg 2003.

Cypr., Ad Quir.; S. Cypriani episcopi Opera, Ad Quirinum. Testimoniorum libri tres (hrsg. von R. Weber, CCL 3) Turnhout 1972, 3–179; Caecilius Cyprianus, An Quirinus. Drei Bücher Schriftbeweise (BKV 2. Reihe Bd 34), Kempten-München 1918.

De domin. orat.; Sancti Cypriani episcopi opera. De dominica oratione (hrsg. von C. Moreschini, CCL 3A), Turnhout 1994; Caecilius Cyprianus, Über das Gebet des Herrn (BKV 2. Reihe Bd. 34), Kempten-München 1918.

Clemensbrief; Clemens von Rom, Epistola ad Corinthios. Brief an die Korinther, übersetzt und eingeleitet von G. Schneider (FC 15), Freiburg 1994.

Didache. Zwölf-Apostel-Lehre, übers. u. eingeleitet von G. Schöllgen (FC 1), 3. Auflage, Freiburg u. a. 2000, 141–313.

Donatus von Besançon; Regula Donati. Donati Regula, Pseudo-Columbani Regula monialium (hrsg. von V. Zimmerl-Panagl, CSEL

98/Monastica 1), Berlin/Boston 2015; Donatus von Besançon, Nonnenregel, übertragen von K. Hauschildt und eingeführt von A. Diem, St. Ottilien 2013.

Evagr. Pont., Pract.; Evagrius Ponticus, Praktikos; Évagre le Pontique, Traité pratique ou le moine, Einleitung, Text, Übers., Kommentar u. Indices von A. u. C. Guillaumont (SC 170–171), Paris 1971; G. Bunge, Der Mönch, Köln 1989.

Ferrand., Vita Fulg.; Ferrandus v. Karthago, Vita Fulgentii, PL 65, 117–150; Ferrandus v. Karthago, Leben des Fulgentius v. Ruspe (BKV 2. Reihe II Bd. 9, 49–118.

Greg., Dial.; Gregor d. Gr; Grégoire le Grand, Dialogues, ed. A. de Vogüé, transl. P. Antin, 3 Bde (SC 251, 260, 265), lat.-franz., Paris 1978–1980; Gregor der Große, Der hl. Benedikt. Buch II der Dialoge, lat.-dt., mit einer Einleitung von M. Puzicha. Hrsg. im Auftrag der Salzburger Äbtekonferenz, St. Ottilien 1995.

Ep. ad Leandr.; Epistula ad Leandrum; Widmungsbrief; s. Moral.

Hom.Ez.; Homilien zu Ezechiel ; Sancti Gregorii Magni homiliae in Hiezechihelem prophetam (hrsg. von M. Adriaen, CCL 142), Turnhout 1971; Gregor der Grosse, Homilien zu Ezechiel. Übers. von G. Bürke (Christliche Meister 21), Einsiedeln 1983.

Moral.; S. Gregorii Magni Opera, Moralia in Iob Libri I-XXXV, 3 Bde. (hrsg. von M. Adriaen, CCL 143, 143A, 143B); Grégoire le Grand, Morales sur Job, Livres I et II. Einleitung u. Anmerkungen von R. Gillet, Übers. von A. de Gaudemaris (SC 32bis), Paris 3. Aufl. 1989.

Reg.Ep.; Registrum Epistularum; S. Gregorii Magni Registrum Epistularum, 2 Bde. (hrsg. von D. Norberg, CCL 140, 140A), Turnhout 1982; Gregorius des Großen ausgewählte Briefe (BKV 1. Reihe Bd. 27), Kempten 1874.

Hieronymus; S. Eusebii Hieronymi Epistulae, Pars I (hrsg. von I. Hilberg, CSEL 54; 56/1), Wien 1910; Eusebius Hieronymus, Ausgewählte Briefe (BKV 2. Reihe II Bd.16), München 1936, 58–117; 214–238.

Greg.Nyss., Vita Moys. 317 AB; Gregor v. Nyssa, Vita Moyses, GNO 7/1; Der Aufstieg des Mose, übers. u. eingel. v. M. Blum (SOPHIA, Quellen östlicher Theologie 4), Freiburg 1963.

Hil. Arl., Vita Hon.; Hilarius von Arles, Vita Honorati. Hilaire d'Arles, Vie de Saint Honorat. Einleitung, Text, Übers. und Anmerkungen von M.-D. Valentin (SC 235), Paris 1977.

Horsiese, Liber Orsiesii; H. Bacht, Das Vermächtnis des Ursprungs, Studien zum frühen Mönchtum I (Studien zur Theologie des geistlichen Lebens V), Würzburg [2]1984, 58–189.

Johannes Cassianus, Conlationes XXIIII (hrsg. von M. Petschenig, CSEL 13), Wien 1886; Jean Cassien, Conférences. Einleitung, Text, Übers. u. Anmerkungen von E. Pichery (SC 42; 54; 64), Paris 1955, 1958, 1959; Johannes Cassianus, Vierundzwanzig -Unterredungen mit den Vätern (BKV 1. Reihe Bd. 59; 68), Kempten 1879.

De institutis coenobiorum et de octo principalium vitiorum remediis; Jean Cassien, Institutions cénobitiques, Text, Einleitung, Übersetzung und Anmerkungen von J.-C. Guy (SC 109), Paris [2]2001; Johannes Cassianus, Von den Einrichtungen der Klöster (BKV 1. Reihe Bd. 59), Kempten 1879.

Leo d. Gr., Sermo; S. Leonis Magni Tractatus septem et nonaginta, 2 Bde. (hrsg. von A. Chavasse, CCL 138/138A), Turnhout 1973; Leo d. Grossen sämtliche Sermonen, 2 Bde. (BKV 2. Reihe Bd. 54–55), Kempten-München 1927.

Pachom.; Pachomius, Praecepta; Praecepta atque instituta; Praecepta atque iudicia; Praecepta ac leges, lat.-dt., H. Bacht, Das Vermächtnis des Ursprungs II (Studien zur Theologie des geistlichen Lebens VIII). Pachomius – Der Mann und sein Werk, Würzburg 1983.

Paul.Diac., Hist. Langobard.; Paulus Diaconus, Historia Langobardorum, in: Bethmann, L./Waitz, G. (Hrsg.), MGH. Scriptores rerum langobardicarum et italicarum, Neudruck Berlin 1988; Geschichte der Langobarden, nach der Übers. von O. Abel, neu hrsg. von A. Heine, 2. Auflage, Essen 1992.

Prokop, De bello Gothico; Veh, O. (Hg.), Prokop: Gotenkriege (griech.-dt.), Werke 2 (Tusculum Bücherei), München 2. Aufl. 1978.

Regulae patrum; R4P (Regel der Vier Väter); Règles des Pères: Trois règles de Lérins au Ve siècle. Einleitung, Text, Übers. und Anmerkungen von A. de Vogüé (SC 297), Paris 1982; Die Regeln der Väter. Vorbenediktinische lateinische Regeltradition. Übers. u. erläutert von M. Puzicha, lat.-dt., Münsterschwarzach 1990.

Trois règles du VI. siècle incorporant des textes lériniens. de Vogüé (SC 298), Paris 1982; Die Regeln der Väter. Vorbenediktinische lateinische Regeltradition. Übers. u. erläutert von M. Puzicha, Münsterschwarzach 1990.

Regula Magistri; La Règle du Maître, Einleitung, Text, Übers. u. Anmerkungen von A. de Vogüé (SC 105–107), lat.-franz., Paris 1964; Frank, K. S., Die Magisterregel. Einführung und Übersetzung, St. Ottilien 1989.

Rufinus Aquileiensis, Historia Monachorum sive de Vita Sanctorum Patrum (Patristische Texte und Studien 34). Hrsg. von E.Schulz-Flügel , de Gruyter Berlin 1990.;. Mönche im frühchristlichen Ägypten (Historia monachorum in Aegypto). Aus dem Griechischen übers., eingeleitet und erklärt von Suso Frank, Düsseldorf 1967.

Sulp.Sev., Dial.; Sulpicius Severus, Dialogorum libri 3, (hrsg. von C. Halm, CSEL 1), Wien 1866; Sulpicius Severus, Die drei Dialoge (BKV 2. Reihe Bd. 20), Kempten-München 1914.

Vita Sancti Martini (hrsg. von C. Halm, CSEL 1), Wien 1866, 107–137; Sulpice Sévère, Vie de Saint Martin, 3 Bde., Einleitung, Text und Übers. von J. Fontaine (SC 133–135), Paris 1967, 1968, 1969; Sulpicius Severus, Das Leben des Martinus von Tours, in: K. S. Frank, Frühes Mönchtum im Abendland, 2: Lebensgeschichten, Zürich-München 1975, 20–52.

Tertull., Apol.; Tertulliani Opera, Apologeticum (hrsg. von E. Dekkers, CCL 1), Turnhout 1954, 77–171; Tertullian, Apologeticum/ Verteidigung des Christentums (Hrsg., übers. u. erl. von C. Becker), 2. Auflage, München 1961.

Kommentare

Böckmann, A., Exegetischer Kommentar zur Regel Benedikts, 3 Bände, St. Ottilien 2011–2015.

Delatte, P., Kommentar zur Regel des hl. Benedikt (Regulae Benedicti Studia. Traditio et Receptio 23), St. Ottilien 2011.

Holzherr, G., Die Benediktsregel. Eine Anleitung zu christlichem Leben, 2. Aufl., Fribourg 2007.

Puzicha, M., Kommentar zur Benediktusregel. Im Auftrag der Salzburger Äbtekonferenz (2. verbesserte, überarbeitete und ergänzte Auflage), St. Ottilien 2015.

Vogüe, A. de, Die Regula Benedicti. Theologisch-spiritueller Kommentar (Regulae Benedicti Studia. Traditio et Receptio 16), St. Ottilien 1987.

Handbücher und Nachschlagewerke

Albert, M. (Hrsg.), Handbuch der benediktinischen Ordensgeschichte. Band 1: Von den Anfängen bis ins 14. Jahrhundert (Studien und Mitteilungen zur Geschichte des Benediktinerordens und seiner Zweige. Ergänzungsbd. 57), St. Ottilien 2022.

Breitenstein, M., Die Benediktiner. Geschichte, Lebensformen, Spiritualität, München 2019.

Dartmann, Chr., Die Benediktiner. Von den Anfängen bis zum Ende des Mittelalters, Stuttgart 2018.

Dell'Omo, M., Geschichte des abendländischen Mönchtums vom Mittelalter bis zur Gegenwart. Das Charisma des hl. Benedikt zwischen dem 6. und 20. Jahrhundert (Studien und Mitteilungen zur Geschichte des Benediktinerordens und seiner Zweige. Ergänzungsbd. 51), St. Ottilien 2017.

Jenal, G., Sub Regula S. Benedicti. Die Geschichte der Söhne und Töchter Benedikts von den Anfängen bis zur Gegenwart, Wien-Köln 2019.

Merkt, A., Das frühe christliche Mönchtum. Quellen und Dokumente von den Anfängen bis Benedikt, Darmstadt 2008.

Monographien

Bardy, G./Hausherr, I., Art. Biographies spirituelles, in: Dictionnaire de Spiritualité, Ascétique et Mystique 1, 1624–1646.

Baumeister, Th., Art. Vita, in: Lexikon der antiken christlichen Literatur (3. Aufl. 2002), 721–724.

Berschin, W., Biographie und Epochenstil im lateinischen Mittelalter I. Von der Passio Perpetuae zu den Dialogi Gregors des Großen (Quellen und Untersuchungen zur lateinischen Philologie des Mittelalters 8), Stuttgart 1986.

Bouhot, J. P., Les homélies de Saint Grégoire le Grand : histoire des textes et chronologie, in: Revue Bénédictine 117 (2007), 211–260.

Brandt, H., Das Ende der Antike. Geschichte des spätrömischen Reiches, 2. Auflage, München 2004.

Brechter, S., Montecassinos erste Zerstörung, in: Studien und Mitteilungen zur Geschichte des Benediktinerordens und seiner Zweige 56 (1938), 109–150.

Casey, M., 74 Werkzeuge für ein gutes Leben. Kapitel 4 der Benediktusregel, St. Ottilien 2015.

Casey, M., Der Weg zum ewigen Leben. Gedanken zum Prolog der Benediktusregel, St. Ottilien 2013.

Casey, M., Die Kunst, Seelen zu gewinnen. Noviziatsausbildung heute, St. Ottilien 2014.

Casey, M., Einführung in die Benediktusregel. Ein geistliches Ausbildungsprogramm, St. Ottilien 2010.

Casey, M., Lectio divina. Die Kunst der geistlichen Lesung, 3. Aufl., St. Ottilien 2020.

Chittister, J., Nimm diese Regel als Anfang. Die Benediktsregel als Leitfaden für das Leben, Münsterschwarzach 2008.

Clark, F., Saint Benedict's biography and the turning tide of controversy, in: The American Benedictine review 53 (2002), 305-325.

Clark, F., The „Gregorian" Dialogues and the Origin of Benedictine Monasticism (Studies in the History of Christian Thought 108), Brill, Leiden 2003.

Clark, F., The Pseudo-Gregorian Dialogues, 2 Bde (Studies in the History of the Christian Thought 37 u.38), Leiden 1987.

Clemens, L., Vorstellungswelten in einer Umbruchszeit: Das 6. Jahrhundert in den Dialogi Gregors des Großen, in: Hirschmann, F. G./Mentgen, G. (Hg.), Campana pulsante convocati (FS A. Haverkamp), Trier 2005, 69–83.

Courcelle, P., ‚Habitare secum' selon Perse et selon Grégoire le Grand, in: Revue des Études Anciennes 69 (1967), 266–279.

Courcelle, P., La vision cosmique de Saint Benoît, in: Revue d' Etudes Augustiniennes et Patristiques 13 (1967), 97–117.

Cusack, P. A., An Interpretation of the Second Dialogue of Gregory the Great: Hagiography and St. Benedict (Studies in the Bible and Early Christianity 31), Lewiston 1993.

Cusack, P. A., The story of the akward Goth in the Second Dialogue of St. Gregory I, in: Studia Patristica 17/2, Oxford 1982, 472–476.

Cusack, P. A., The temptation of St. Benedict: an essay at interpretation through the literary sources, in: The American Benedictine review 27 (1976),143–163.

Cusack, P.A., Gregory the Great on the Transitus of Benedict, in: Cistercian Studies 19 (1984), 10–30.

Dagens, Cl., Grégoire le Grand et la culture: De la 'sapientia huius mundi' à la 'docta ignorantia', in: Revue des Études Augustiniennes et Patristiques 14 (1968), 17–26.

Dagens, Cl., Saint Grégoire le Grand. Culture et expérience chrétiennes (Études Augustiniennes), Paris 1977.

Davril, A., Le culte et les reliques de saint Benoît et de sainte Scholastique. La tradition cassinienne, in: Studia monastica 21, (Summarium, in: Studia monastica 21 (1979), 7–431), 377–408; 423–428.

Delforge, Th., Songe de Scipion et vision de saint Benoît, in: Revue Bénédictine 69 (1959), 351–354.

Fiedrowicz, M., Das Kirchenverständnis Gregors des Großen. Eine Untersuchung seiner exegetischen und homiletischen Werke (Römische Quartalschrift für christliche Altertumskunde und Kirchengeschichte, Suppl.-Heft 50), Freiburg-Wien u.a. 1995.

Fontaine, J., Une clée littéraire de la ‚Vita Martini' de Sulpice Sévère: la typologie prophétique, in: Mélanges Christine Mohrmann, Utrecht 1963, 84–95.

Gnilka, Ch., Aetas Spiritalis. Die Überwindung der natürlichen Altersstufen als Ideal frühchristlichen Lebens (Theophaneia 24), Bonn 1972.

Gnilka, Ch., Ultima verba, in: Jahrbuch für Antike und Christentum 22 (1979), 5.21.

Gross, K., Der Tod des hl. Benedikt. Ein Beitrag zu Gregor d. Gr., Dial.2,37, in: Revue Bénédictine 85 (1975), 164.176.

Hallinger, K., Papst Gregor der Große und der hl. Benedikt, in: Studia Anselmiana 42 (Rom 1957), 231–320.

Heather, P., Der Untergang des Römischen Weltreichs, Stuttgart 2007.

Hermann, A./Bardy, G., Art. Dialog, in: Reallexikon für Antike und Christentum 3, 928–955.

Hoffmann, H., Die älteren Abtslisten von Montecassino, in: Quellen und Forschungen aus italienischen Archiven und Bibliotheken 47 (1967), 224–354.

Howe, J., St. Benedict the hermit as a model for Italian sanctity: some hagiographical witnesses, The American Benedictine review 55 (2004), 42–54.

Jenal, G., Gregor der Große und die Stadt Rom (560–604), in: Prinz, F. (Hrsg.), Herrschaft und Kirche (Monographien zur Geschichte des Mittelalters 33), Stuttgart 1988, 109–146.

Kardong, T. G., Who wrote the „Dialogues of Saint Gregory?“: a report on a controversy, in: Cistercian studies quarterly 39 (2004), 31–39.

Kessler, St. C., Präsenz und Verwendung der Heiligen Schrift bei Gregor dem Großen. Exegese in der Spannung zwischen Antike und Mittelalter und zwischen Mönchtum und Mystik, in: Präsenz und Verwendung der Heiligen Schrift im christlichen Frühmittelalter. Exegetische Literatur und liturgische Texte, Wiesbaden 2008, 17–31.

Kessler, St. Ch., Gregor der Große als Exeget. Eine theologische Interpretation der Ezechielhomilien (Innsbrucker Theologische Studien 43), Innsbruck-Wien 1995.

Kessler, St. Ch., Monastische Mystik auf biblischer Grundlage. Theorie und Praxis der Kontemplation bei Gregor dem Großen, in: Erbe und Auftrag 79 (2003), 17–26.

Kessler, St.Ch., Gregor der Große (540–604): der Streit um die gregorianischen Dialoge und neue Perspektiven im Blick auf einen Kirchenvater, in: Theologische Revue 100 (2004), 463–472.

Lischer, G., „discernat et temperet“ (RB 64,17). Religiöse Reife im Spiegel der Benediktsregel (Studien zur monastischen Kultur 5), St. Ottilien 2011.

Mähler, M., Évocations bibliques et hagiographiques dans la Vie de saint Benoît par saint Grégoire, in: Revue Bénédictine 83 (1973), 398–429.

Manselli, R., Art. Gregor der Große, in: Reallexikon für Antike und Christentum 12, 930–951.

Mathijsen, G., Le mulomedicus dans la „Vie de saint Benoît“, in: Collectanea Cisterciensia 58 (1996), 19–27.

Meyer-Flügel, B., Das Bild der ostgotisch-römischen Gesellschaft bei Cassiodor. Leben und Ethik von Römern und Germanen in Italien nach dem Ende des Weströmischen Reiches (Europäische Hochschulschriften, Reihe III, Bd. 533), Bern u. a. 1992.

Meyvaert, P., The Authentic Dialogues of Gregory the Great, in: Sacris Erudiri 43 (2004), 55–130.

Mundó, A., Sur la date de la visite de Totila à saint Benoît, in: Revue Bénédictine 59 (1949), 203–206.

Petersen, J.M., The ‚Dialogues' of Gregory the Great in their late antique cultural background (Studies and Texts 69), Toronto 1984.

Pohl, W./Erhart, P. (Hr.), Die Langobarden. Herrschaft und Identität, Wien 2005.

Puzicha, M., „... die gemeinsame Regel des Klosters" (RB 7,55). Aufsätze und Vorträge zur Benediktusregel II (Regulae Benedicti Studia. Traditio et Receptio 25), St. Ottilien 2017.

Puzicha, M., „Nimm diese Regel..." (RB 73,8). Aufsätze und Vorträge zur Benediktusregel III (Regulae Benedicti Studia. Traditio et Receptio 27), St. Ottilien 2021.

Puzicha, M., Benedikt für jeden Tag. Ein Jahreskommentar zur Benediktusregel. Im Auftrag der Salzburger Äbtekonferenz. In Zusammenarbeit mit Theodor Hausmann OSB mit Kalligraphien von Ruth Wild, St. Ottilien 2019.

Puzicha, M., Der Regel als Lehrmeisterin folgen. Aufsätze und Vorträge zur Benediktusregel (Regulae Benedicti Studia. Traditio et Receptio 24), St. Ottilien 2013.

Puzicha, M., Kommentar zur Vita Benedicti. Gregor der Große: Das zweite Buch der Dialoge – Leben und Wunder des ehrwürdigen Abtes Benedikt. Im Auftrag der Salzburger Äbtekonferenz, St. Ottilien 2012.

Puzicha, M., Vita iusti (Dial.2,2). Grundstrukturen altkirchlicher Hagiographie bei Gregor d.Gr., in: Pietas (Jahrbuch für Antike und Christentum, Ergbd. 8, FS B. Kötting), Münster 1980, 284–312.

Richards, J., Gregor der Große. Sein Leben – seine Zeit, Graz-Wien-Köln 1983.

Scheiba, M., Gehorsam gegenüber dem Abt. Ein Beitrag zur Auslegungsgeschichte der Benediktus-Regel im 20. Jahrhundert (Regulae Benedicti Studia. Traditio et Receptio 22), St. Ottilien 2008.

Stresius, L., Die Geduld umarmen. Metaphern in der Benediktusregel (Studien zur monastischen Kultur 11), St. Ottilien 2020.

Steidle, B., Der „schwarze kleine Knabe" in der alten Mönchserzählung. Beitrag zu St. Gregor, Dial. 2,4, in: Benediktinische Monatsschrift 34 (1958), 339–350.

Steidle, B., Der Gottesmann Benedikt und der Ostgotenkönig Totila. Zu Papst Gregor, Dial. II Kap. 14–15, in: Erbe und Auftrag 56 (1980), 359–370.

Steidle, B., Die kosmische Vision des Gottesmannes Benedikt. Beitrag zu Gregor d. Gr. Dial. II, Kap. 35, in: Erbe und Auftrag 47 (1971), 187–192; 298–315; 409–414.

Steidle, B., Intempesta noctis hora. Die mitternächtliche „kosmische" Vision St. Benedikts (Dial.2,35,2), in: Erbe und Auftrag 57 (1981), 191–201.

Steidle, B., Papst Gregor der Große und der Gottesmann Benedikt, in: Erbe und Auftrag 56 (1980), 173–183.

Uytfanghe, M. van, Art. Biographie II (spirituelle), Reallexikon für Antike und Christentum Suppl. 1, 1088–1364.

Vitale-Brovarone, A., Latini e Germani nei Dialoghi di Gregorio Magno, in: Atti del VI. Cogresso internazionale di studio sull'alto medioevo, Spoleto 1980, 717–726.

Vogüé, A. de, „Discretione praecipuam". A quoi Grégoire pensait-il?, in: Benedictina 22 (1975), 325–328.

Vogüé, A. de, La mention de la „Regula monasterium" à la fin de la „Vie de Benoît" (Grégoire, Dial.II 36). Sa fonction littéraire et spirituelle (Regula Benedicti Studia 5), Hildesheim 1976, 289–298.

Vogüé, A. de, La rencontre de Benoît et de Scholastique. Essai d'interprétation, in: Revue d'Histoire de la Spiritualité 48 (1972), 257–273.

Voss, B.R., Der Dialog in der frühchristlichen Literatur (Studia et Testimonia Antiqua IX), München 1970.

Wansbrough, J.H., St. Gregory's intention in the stories of St. Scholastica and St. Benedict, in: Revue Bénédictine 75 (1965), 145–151.

Wirth, G., Die Völkerwanderung. Das Ende des Ostgotenreichs, Gütersloh 2004.

Wollasch, J., Benedictus abbas romensis. Das römische Element in der frühen benediktinischen Tradition, in: Kamp, N./Wollasch, J. (Hr.), Tradition als historische Kraft, in: Interdisziplinäre Forschungen zur Geschichte des frühen Mittelalters (FS Karl Hauck), Berlin-New York 1982, 119–137.

Wollasch, J., Benedikt von Nursia. Person der Geschichte oder fiktive Idealgestalt?, in: Studien und Mitteilungen zur Geschichte des Benediktinerordens und seiner Zweige 118 (2007), 7–30.

Zelzer, M., Gregors Benediktsvita und die Bibel. Die Entschlüsselung eines exegetischen Programms (Regulae Benedicti Studia 18), St. Ottilien 1994, 221–232.

Studien
zur monastischen Kultur

BAND 12

John Hammond OSB
Endstation Frieden
Die bewegende Lebensreise des Abtes Leo von Rudloff (1902–1982)

354 Seiten, 978-3-8306-8069-7

Leo von Rudloff (1902–1982) trat mit 18 Jahren in die Abtei Gerleve ein und wirkte zunächst vor allem bei der theologischen Ausbildung mit. Nach dem Zweiten Weltkrieg versuchte er unter schwierigsten Umständen, für die deutsche Dormitio Abtei (Jerusalem) im israelischen Staat einen Neuanfang zu finden. Dafür gründete er 1953 das Kloster Weston Priory in den USA, wo er seit 1968 ständig lebte. In seinem geistlichen Wirken war er tief von den Aufbrüchen des Zweiten Vatikanischen Konzils und dem Bemühen um Aussöhnung mit dem Judentum geprägt.

www.eos-verlag.de